本当に稼げる

副業の教科書

今岡 純一 著

プラチナ出版

はじめに

複数の「収入の柱」を持ちしっかりと稼ぐ

数ある書籍の中から、本書を手に取っていただきまして、ありがとうございます。まずは簡単に自己紹介させていただきますね。私の名前は、今岡純一と申します。現在34歳で妻と娘の3人で埼玉県で暮らしています。

もともと私は製薬会社に勤める平凡なサラリーマンでした。それが、不動産投資・FX・株式投資・アフィリエイト・物販などの副業や投資を組み合わせた〝複業〟を行ったところ、3年半でサラリーマンの年収の3倍以上になり、かねてより目標であったサラリーマンを卒業することができました。

今は複業が本業となっていますが、変わらず30個近い複数の「収入の柱」を持っています。また、年間の利益もありがたいことに、ここ5年間は1億円を超えております。

安定収入の中心となる不動産投資はアパート・マンションが8棟、戸建て5戸、区分マンション1戸、合計71部屋と太陽光発電7基を運営しています（売却済み14部屋）。総額5億円の借入で家賃年収・売電収入6000万円オーバー、キャッシュフロー（ローンや経費を差し引いた利益）も年間3000万円オーバーです。

私の不動産投資のノウハウは、サラリーマン時代に越谷大家のペンネームで執筆した『爆発的にお金を増やす‼　物件の効率的な購入の仕方と利回りアップ術』（セルバ出版）に詳しくまとめています。

その他、物販の売上は年間7000万円程度、アフィリエイトで年間3600万円程度、FXで年間1000万円程度、株は年間400万円程度、副業を教えるためのセミナー講師やスクールの事業も行っており、サラリーマン時代の20倍程度の収入があります。

ここまで読んで「何億円もの借金をする不動産投資なんて実感がわかない」「サラリーマンの片手間の物販でそこまで稼げるとは思えない」「アフィリエイトで儲けるのは簡単ではない」そんな風に感じた方も多いでしょう。

たしかに「投資や副業で簡単に稼げるのか？」と聞かれたら「NO！」と答えます。

実際のところ、スパムメールでよく見かける「寝ていても稼げる」「5分で稼げる」などといった怪しいキャッチコピーのほとんどが詐欺だと思います。

では、私のおすすめする〝複業〟とは、一体何なのでしょうか。

まず前提として副業というと、ちょっとしたお小遣い稼ぎのイメージが多いですが、そうではなくて、私はもっと「しっかり稼ぐ」ことを目標にすべきだと提案します。

そのためには稼ぎ方を「自分」「他人」「時間」「お金」に振り分けて考えて、いくつかの副業を組み合せて行う必要があります。

すべてを自分で行うのは限界がありますし、効率よく投資するにはまとまった金額が必要です。

そこで自分で動いてお金を稼ぎ出し、稼ぎ出したお金を再投資する。また、稼ぐ方法がわかったら外注化するなど、やり方を組み合せて儲けを相乗させます。

また、サラリーマンが年収以上を稼ぎ出すためには、ただただノウハウだけを学ぶのではなくて、考え方（マインド）から変えていかなくてはいけません。

いろいろなことを書いていますが、そこまで難しくありませんよ。正しいマインドとノウハウを身につけることで、サラリーマンをしながらも本当に稼げるようになります。

本書はそのためのガイドブックです。

まったくの初心者でも理解できるように「不動産投資」「物販」「FX」「株式投資」「アフィリエイト」について、とにかくわかりやすく解説しました。少しでも興味を持たれた方は、ぜひこの先を読み進めてください！

目次

第2章

「自分」「他人」「時間」「お金」すべてを使ってお金を稼ぐ

第3章

「複業」マインドを提案する

第4章 不動産投資

第5章 物販

第6章 FX

第7章 株式投資

第8章 アフィリエイト

第9章 【インタビュー】複業で成果を出した5人の事例

イラスト／百万友輝
装丁デザイン・DTP／井関ななえ

序　章

私の「複業」ストーリー

小学生で初めての副業

私の初めての副業は小学生時代の転売です。

当時は、遊戯王カードが流行っていました。たまたま人気のある「青眼の白龍（ブルーアイズ・ホワイト・ドラゴン）」が2枚、手に入ったので友だちに言ったところ、「お金を払うから譲ってほしい」と頼まれて売ったことがきっかけです。

塾に行く途中の駄菓子屋さんに、なかなか手に入らない遊戯王のカードガチャがあり、そこで1000〜2000円分を回して人気のカードを引き当てられたら、塾の友だちに倍以上の価格で売れました。

こうした商売気質とでもいうべき私の思考は、親が自営業であることが大きいと思います。

小さなころから親の仕事のお手伝いをしていましたし、お手伝いの中でお金を扱わせてもらったため金銭感覚が身につき、自然と貯金体質になったのです。

当時はお手伝いをすると1時間に500円のお駄賃がもらえました。幼かった私ですが、いつしか「そのお金をどうやって増やしたらいいのだろうか？」と考えるようになりました。その方法として、遊戯王カードの転売を思いついたのです。

その後、中学生・高校生時代も貯蓄体質でした。そして、私が本格的に副業を始めたのは大学2年生、20歳のときです。

ポイントサイトの「ハピタス」を見つけて興味を持ちました。手始めにＦＸや株式投資を行っていました。

このポイントサイトを活用していたときにＦＸや株を知ったわけですが、当時は口座開設だけで1～2万円、入金すると2～3万円がもらえました。

それで口座を10口くらい開設し、「とりあえずやってみよう」と思いながら運用しました。実際、大学在学中は負けた数のほうが多いですが、金融の知識や社会情勢を知ることができたので後悔はありません。

大切なことはアルバイトで学ぶ

高校時代からいろいろなアルバイトを経験しました。バイト禁止の高校だったのですが、受験勉強で運動不足になるのが嫌で「どうせ体を動かすならお金も稼ぎたい」と思い、引越しのバイトをしていました。

大学生になると、姉が働いていた信販会社で時給1000円のアルバイトを始め、個人信用情報を取り扱う経験をしました。

個人信用情報を知らない方のために説明しますと、クレジットカードやローンなどの申込みや契約内容、残高、支払い状況が記載されている、カード会社、金融機関などが顧客の「信用」を確認するために使われる情報です。

信用情報機関には「CIC」（クレジット会社）、「JICC」（消費者金融・金融機関）、「JBA」（銀行・信用金庫）があります。私は「CIC」「JICC」の情報を取り扱っていました。

この個人信用情報に延滞などの事故履歴があると、その人の名前に「A」マークが、付いてしまいます。一度でもAマークが付くと信用が一気に失われ、その後延滞などが長く続けばブラック扱いとなり、カード審査に通らなかったり、住宅ローンが借りられなくなったりする可能性もあります。

働いている中で、年収が低いのに20万円、30万円もする高価な買い物をしている人がたくさんいることも知りました。たとえば20歳そこそこの収入が低い若者でも、高額な乗馬スクールの会員料やダイビングスクール代を払っていたのです。

また、バイトで金利計算もしていたので、「3％や4％程度でも60カ月借りると、総返済額はここまで増えるのか！」といった驚愕の事実や、リボ払いの恐ろしさもこのときに学びました。

他にも、「完済したい」と求められた場合には、どれだけ利息が減るのかも案内していました。本当はまとめて返済したほうがお得なのですが、ずっと数千円ずつ払い続ける若者が大勢いました。自分がそうなってはいけないなと気づきを得ました。

このように金融リテラシーを高めることができる、とても価値あるアルバイトだったと思います。

私はアルバイト先を決めるとき、時給や家からの距離などは気にせず、そこで働く「目的」を持つようにしていました。

パチンコ店でアルバイトをしたこともありますが、これは「なぜ、熱狂的にパチンコをするのか」と、「どうしてパチンコ業界が儲かっているのか」という好奇心からです。

実際に働いてみると朝一から10万円も失っているのに、「昨日は7万円も勝ったから」と自分に言い聞かせながらパチンコを打ち続ける人がたくさんいることに衝撃を受けました。

私はホール店員の立場から、「いったいどういう心理なのか?」と、熱中しているお客さんを間近で見ながら驚いたものです。

調剤薬局でもアルバイトをしました。これは、自分が薬学部出身で薬剤師の免許を取っても、薬局薬剤師にはならないと決めていたからでした(理由は後述します)。そのため、大学在学中に薬剤師の仕事を知っておきたかったのです。

薬剤師の年収は30代半ばでも600万円程度、待遇を良くしてもらっても800万円くらいです。

それにもかかわらず資格を取るのは大変で、年間200万円の学費が4年間(今は

6年間）かかります。それ以外にも費用はかかるので、今もし6年間通うとしたら、合計で2000万円程度の費用が必要なのではないでしょうか？

私が大学受験するときが、ちょうど薬学部が4年制から6年制に変わるタイミングでした。つまり、受験に失敗し、浪人をしてしまうと、現役で合格すれば4年制なのに、浪人すると6年制になってしまうということです。

6年制になると、働き始めが遅くなってしまいます。結果として生涯年収で考えると浪人してしまった場合、数千万円も減ってしまいます。

とにかく浪人という事態を避けるため、進学先は選ばず、どんな地方でもいいから現役で受かることを最優先しました。

私に薬学部に入るきっかけを与えてくれた親友は、志望大学にこだわり、残念ながら浪人することになってしまいました。浪人中の予備校代、大学の学費、働き始めが遅くなる給与ロスを考えると、浪人してしまったら本当に数千万円も変わってしまいます。

そのため、私は何がなんでも現役合格を狙っていたのです。

免許を持ちながらも薬剤師にならなかった理由

薬剤師になりたくない理由は給料が低いだけでなく、「閉鎖空間で自分の成長につながらない」と考えたからです。私の信念として、「少しでも厳しいところに行く」があります。

人間というものは自分に甘い環境に流れてしまいがちですが、そこに馴染んでしまうと、なかなか厳しいところに行けなくなります。

当時の私は社会人として経験を積んでから自分で薬局を開業して何店舗か持つことを目標としていたのです。そのため薬剤師になるつもりはありませんが、薬局の経営ノウハウを知りたいと考え、開業したての薬局でアルバイトをさせてもらいました。

その薬局を開業した人はもともとMR（医学情報担当者）出身で、同じ道を進もうと思っていた人生の先輩だったこともあり、「何でもするのでお願いします！」と頼みこみ、働かせてもらえたのです。

私がMRになろうと思った理由は、薬学部出身者だけの甘い環境ではなく、他学部出身の優秀な人と肩を並べて仕事をし、自分自身の限界に挑戦、人よりも早く成長するためでした。

また、ＭＲという仕事は、医師を通じて多くの人に薬を広められ、薬剤師になるよりも、結果的に医療貢献・多くの患者さんを救えると考えたからです。


もう一つ、私が薬局で働くのが嫌になった原因があります。

それは薬局実習で目撃した光景です。あるお客さんが薬剤師に「薬を早く出してよ」と言って、薬の説明をする前にお金を投げるように渡していたことがきっかけでした。

薬剤師は患者さんに薬の効果・副作用・飲むタイミングなどをしっかりと説明して受け渡しを行います。ただ薬を販売するのが目的ではなく、その薬を安全に飲んでいただくための情報提供が大事な使命です。

しかし、お金だけ出して早く薬を出すようにお願いしている人を見て、「薬剤師の社会的意義は何だろうか」と疑問を抱くようになりました。それならば１日に接する人が限られている薬局で働くよりも、ＭＲのほうが幅広く社会貢献できるのではと思ったのです。

基本的にＭＲは「エリア単位」で担当を任されます。たとえば「新宿区」の担当になったら、新宿区民全員の命を預かるくらいの責任とプライドを持って仕事をします。患者さんに薬を処方するドクターに会いに行き、自社の薬の有効性や安全性を案内して治療方針を変えていく。それによって多くの患者さんに必要な薬を（間接的ではあるものの）服用していただき、健康になってもらい、幸せにする……それがＭＲの仕事であり魅力です。

就活時には13社から内定をいただきました。私のポリシーである、自分を鍛えてくれる会社に入りたかったので、武田薬品工業株式会社に就職を決めました。

同じく内定をいただいていたエーザイやファイザーのほうが給料は高かったのですが、環境が穏やかそうで、自分の成長スピードが武田薬品より遅いと思い、内定を辞退いたしました。

日本トップの企業で最初にしんどい仕事をしていれば、その後が楽になります。「あのとき、あれだけ厳しい環境で働いていたんだから」と自分を鼓舞することもできます。

実際に働いているＯＢ・ＯＧの方にお会いした際も、誇り高く、やりがいを持って仕事をされていたのが印象的でした。また、武田薬品の『明・元・素』という、明るく元気で素直にという社風が気に入ったのもあります。

26歳、FX失敗から不動産投資へ

大学時代に始めたポイントサイトやFXは、社会人になっても続けていました。

24～25歳のときに1ドル＝82円まで急落したことがあり、「これはチャンスだ！」と興奮した私は一気にレバレッジをかけて全力投球しました。80円を切ることはないと予想していたのです。

しかし、結果は77円まで下落してしまいロスカット。一気に300万円ほどを失ってしまいました。振り返ると、これくらい若いときに大金を溶かした経験は今に生きていると感じますが、当時はショックがかなり大きく投資に対して恐怖を抱きました。

ただ、資産運用を手堅く行い、「お金に不自由しない人生が送れるくらい、お金持ちになりたい」という想いは残っていました。

26歳のとき、担当しているドクターが開業することになり、そのドクターに「医院の前で薬局をやってくれないか」というありがたい提案をいただきました。

自分としては、まさに夢にまで見ていた話で喜びは大きかったのですが、今のサラリーマンという収入を失い、薬局をいきなり始めてしまっても大丈夫なのか？　もしも失敗してしまったら……と前向きな気持ちと後ろ向きな気持ちが交錯しました。

ちょうどそのタイミングで、新築ワンルームマンションの投資話が舞い込んできたのです。私は「サラリーマンを続けながらでも副業や資産形成はできる。今の仕事を辞めて、ゼロベースで借金を背負って挑戦するのはリスクが高い。まずは不動産などの担保となる資産を作ってから好きな仕事をすべきだ」と結論に達し、薬局の話はお断りすることにしました。

とはいえ、不動産業者の話をすべて鵜呑みにするのは危険だと感じたので、不動産投資の本を10冊ほど読みました。

その中で一番自分にフィットしたのが芦沢晃先生の本でした。芦沢先生はサラリーマンを続けながら中古区分マンション投資を買い進め、大きな資産を築かれていたのが印象的でした。

ちなみに区分マンションは今でも好きな投資対象です。今でも安ければいくらでも買いたいほどですが、実利回りで10％は欲しいのでなかなか見つからないのが現状です。1年に1戸買えたら良いかなという気持ちで探しています。

区分マンションは金融資産としても優秀で、売り急げば安くなりますが待っていれば高く売れます。私はこれまでに区分マンションを5部屋売っていますが、すべて利益が出ています。

話を戻すと、芦沢先生の中古区分マンション投資に一番共感しました。そもそも私にはアパートやRCマンションなどの一棟物件なんて買えないと思い込んでいたのです。

そして2013年、26歳のときに初めて区分マンション1戸を990万円で購入しました。月にしてわずか3000円のキャッシュフローでしたが、「このまま増やしていけば、もしかしたらすごいお金持ちなれるかも？」と安易に考えていたのです。

その後は家賃保証を解除したり、自分で管理して経費を削減したり、銀行の借り換えで金利を安くしたことにより、月1万円くらいのキャッシュフローにまで増加しました。なお「キャッシュフロー」とは直訳すると「お金の流れ」ですが、収入から税金や経費など差し引いた「実際の手残り」を指します。

ただ、よく考えてみると1戸で月1万円ということは、単純計算で100戸も買っても月100万円です。資産形成のスピードとしてはあまりに遅いです。

100部屋買うまでに何十年もかかってしまい、いつまで経ってもサラリーマンを辞めることができません。

そう思いながら勉強をしていくうちに、サラリーマンでも一棟アパートが買える選択肢を知りました。

当時の私は27歳で、年収700万円ほどでした。そのころの武田薬品は35歳で年収1000万円に達します。そのため周りの上司や先輩を見渡すと、節税という甘い誘惑からあまり儲からない不動産投資をやっている人が多くいらっしゃいました。

そこで私は方針チェンジをして、区分マンションではなく一棟物件に焦点を当てて、不動産投資に本腰を入れることにしました。初めての一棟物件は2014年に千葉県で1560万円、利回り16%、築35年のアパートを購入することから始まりました。

6年ほどキャッシュフローを得て、2020年に1800万円で売却しました。この物件はリフォームや運営など自分で試行錯誤したため、非常に勉強になったとともに、最終的に1000万円近い利益を出してくれたありがたい物件でした。

最も多く買った年は2015年です。この1年で太陽光発電を含め5棟も購入しています。ちなみに、初めて購入した区分マンションも購入から5年後の2018年に

1300万円で売却しています。キャッシュフローは微々たるものでしたが売却益はしっかりと出ました。

一棟投資については特に誰かの手法を参考にしたわけでもなく、さまざまな本から学んで自分なりに工夫して取り組んでいました。

こうして、不動産投資をスタートしてから4年ほどで家賃年収が5000万円を突破しました。それと同時に不動投資サイトのコラム執筆をきっかけに不動産投資のセミナー講師業も始めていました。

くわえてその時にはサラリーマンをしながら他の副業もいくつか行い、本業の収入以外で月200〜300万円は稼げるようになっていました。そのタイミングでサラリーマンを辞めました。不動産投資を始めてから4年経った30歳の時です。

振り返ってみると、ベースとして会社の給料と不動産の収入があったからこそ、別の副業にチャレンジできたのだと思います。

一つの収入だけに頼っていると、その収入がなくなってしまうと怖いです。しかし、何個も副業をして安定していたため、サラリーマンをセミリタイアできたのだと思っています。

なおアフィリエイトを始めたのは、アマゾンがきっかけです。おすすめの商品をリンク発行して、買ってもらえるとお金が少しずつ入ってきました。ちょっとしたお小遣い感覚ですが、それだけで1万円を超える月は大きいなと感じたものです。

事業として物販を始めたのは２０１８年です。きっかけは、それだけで利益を上げようという気持ちではなくて、不動産で得た収益を貯めるだけではなく、手堅く運用していくには、どうしたらいいのかと考えた先に物販事業がありました。これはＦＸや株も同様で一攫千金を狙っているわけではありません。

一般的に物販を行うサラリーマンは、物販だけでお金を稼ごうとする傾向にありますが、私の場合は不動産で得た利益を手堅く物販で月に10％ぐらいで運用していくという考え方です。たとえ、そこまでの利益がなくても銀行に預けるよりもはるかに運用成績が良くなります。

そうやって不動産投資から本格的に始めた私の副業は、さまざまな副業を組合わせる形で、それぞれを相乗させながら伸ばしていきました。この進め方はサラリーマンをリタイヤした今でも変わりません。

第１章

このままの生活でいいの？

終身雇用崩壊で将来どうなる？

２０１９年、トヨタ自動車社長の豊田章男氏が「今後、終身雇用は難しい」と発言して物議を醸しました。

日本を代表する大企業が終身雇用を悲観したのです。すでに入社したからといって、会社が一生の面倒を見てくれる時代は終わっているのです。どんなに大企業であっても、今後も順調に経営が続くのかわかりません。

こうした風潮に合わせるかのように、旧安倍政権の働き方改革では副業も解禁されました。つまり政府は、「サラリーマンは増えない給与、足りない給与の代わりに副業で稼げ」と推奨しているのです。

そもそも努力に対する金銭的な見返りも、サラリーマンと副業では大きく違います。

私もサラリーマン時代は会社から与えられた計画を達成して会社に貢献したのですが、上がった給料は月６０００円ぽっちでした。年間にして７万２０００円、ボーナスを入れても10万円程度です。

ただ、会社は組織で利益を分配するので、これも致し方がないことではあります。

いくら頑張って成果を出したところで、それに見合った対価はもらえないのがサラリーマンの宿命なのです。

特に大手企業の場合はその傾向が強く、たとえ1億円の利益をもたらした個人がいても、その人がもらえるインセンティブはせいぜい数百万円でしょう。

これがベンチャーや外資であれば、もっと個人に対する還元率は高いかもしれません。


一般的には、その従業員の給料の3倍以上を稼いでもらわないと会社としては成り立ちません。年収５００万円の人なら、その人の労働によって１５００万円以上の利益を会社にもたらさなければ、その人を雇う価値が会社にはありません。なぜなら会社は従業員や社長の給料はもちろん、配送・社会保険・車・社宅・各種手当など、本当にいろいろな部分でお金がかかっているからです。

私自身、会社を経営して従業員を雇った経験もあるので痛感しているのですが、会社というのは個人が稼いだ利益を会社にプールしたり、他に働いている事務員さんの給料になったり、経費に使ったりなど、実にさまざまなところへ分配しなければなりません。

特に大手企業の場合は、抱えている従業員の人数、固定費、税金などが莫大になるので、個人に還元したくてもなかなかできない実情があります。ここを考えると、副業は稼いだら稼いだ分、すべて自分のポケットに入ってくるので良いですよね。

将来のことを
しっかり考えている人って
どれくらいいるかな？

ほとんどのサラリーマンは不満と不安を抱えている

サラリーマンの多くはお金に対する不安や、やりたくないことに時間・体力の消費に対する不満を抱えています。つまり、「余裕がない」状態なのだと思います。

私自身、お金を必死で稼いでいたときは時間もお金もないので、自分のことで精一杯でした。でも今は、時間もお金も手に入れたことで心が穏やかになっています。

同じ激務でも、上司から言われた仕事なのか、自分から率先してやる仕事なのかで、やりがいは大きく変わります。サラリーマンであっても、自分が希望したプロジェクトをできている人は活き活きしているはずです。

日本経済がこのまま成長せずにいたら、一人ひとりのお金の問題はより深刻になるでしょう。「老後２０００万円不足問題」が注目されておりますが、男性が65歳、女性が60歳のときから20年間、生きていくために必要な金額といわれています。

２０００万円あっても、ぜいたくな暮らしができるわけではありません。もし今の給料が減ってしまい、貯蓄をあまりできなかったとしたら、厳しい老後が待っていることになってしまいます。

そうならないためにも稼げるときに稼いで、好きなときに好きな場所へ行き、いろいろな刺激を受けて感性を磨いたり、おいしいものを食べる。そういう人生のほうが輝いているように感じます。もし、そう望むのなら、しっかりと稼げる副業や投資をすると良いでしょう。

将来の不安のためだけに貯蓄をする人は少ないと思います。貯蓄をするだけでは人は幸せになりませんから。また、会社に行き、ご飯を食べて、寝るだけの毎日なら家畜と一緒です。どう生きるかが肝心です。

私は個人的には年齢×１００万円の貯蓄が楽しい人生を送るためには必要だと考えています。つまり60歳までに６０００万円の蓄えが欲しいです。

金銭感覚や副業に対する考え方は、年代によっても大きく違うはずです。

たとえば、今の40代は若いときにポケベルがあったくらいで、映画を観たかったら『チケットぴあ』、女性ファッションならマガジンハウスの『ａｎ・ａｎ』や『Ｏｌｉｖｅ』のように、雑誌から流行の最新情報を得ていました。さらにテレビや新聞などの影響力も、今とは比べ物にならないほど強かったのです。

しかし、現代はＳＮＳやネット検索を使えば無料で情報を得ることができます。副業に関する情報さえ、いくらでも集められます。そういう情報から稼ぐことも可能ではあります。

ただ、お金だけがすべてだとは私は思っていません。年収３００万円以下だけれど、地方に住んで家族や仲間と一緒にゆったりと楽しく愉快に暮らしている人もいます。こういう人はお金が判断基準ではないので、収入が低かったとしてもスーパーでお肉を買ってきて、友だちとＢＢＱしたり、自宅で楽しく飲んだりできます。

これは一つの幸せの形でしょう。

逆に首都圏に住んでいる人は、地方在住の人に比べて平均年収も高いですが、生活や教育にお金がかかって心に余裕がない……というケースも見受けられます。

つまり、都会に住んでお金をたくさん稼いでいるからといって決して幸せとは限らないのです。お金を稼げても都会暮らしに疲れて疲弊することから、あえて田舎暮らしを選ぶ人も最近では増えています。

サラリーマンは足の引っ張り合いが好き

飲み会に行ったとき、「給料が上がらない」「部下（上司）がムカつく」「最近○○を買った」などの小さい話ばかりをしているサラリーマンが多くいます。

実際に、私がサラリーマンをやっていたときも、飲み会では「誰々が出世した」とか、「誰々よりも自分のほうが仕事ができる」などの話ばかりでした。

しかし、副業をしている人や自分でビジネスをしている人は情報共有が非常に大事なのを知っているため、建設的で前向きな話をします。

また、サラリーマンが集まると、足の引っ張り合いになる傾向が強いです。

たとえば一つしかない社長の椅子を狙ったり、誰が同期の中で一番に出世するかを競ったり……。

これは主に嫉妬からくるものですが、副業している人だと「自分も成功している人に近づこう」という努力が働きます。そもそも副業は情報を共有することによって、みんなで稼げる側面があるのです。

つまり副業をしている人の中では、誰かの足を引っ張るのではなく、誰かをほめ称えて、教えてもらい、みんなで稼いでいこうという雰囲気があります。

これが一般のサラリーマンだと、稼いでいる人を叩こうとします。それどころか、副業が時間の無駄だと思ってしまうのです。同僚が副業をしていると聞けば自分の価値観を押し付けて「そんなの辞めたほうがいい」と否定してきます。


人と会って話すのはストレス解消になります。

しかし、本当は人と話すことにより、人生にプラスとなるのが一番かと思います。本をたくさん読んで知識を仕入れても、実践している人の生の声を聞いたほうが参考になるからです。

悪口を言っている時間があるのなら、家族と過ごしたり、副業の勉強をしたり、成功している人と情報交換をする。あるいは自分の趣味に時間を使ったほうがはるかに有意義ではないでしょうか。

毎回同じような武勇伝を聞かされたり、誰かの足の引っ張り合いをするのは時間がもったいないと私は思います。

今後、インフレが進む日本

遅かれ早かれ、これから日本はインフレになっていきます。

日本は輸入に頼りすぎているわけですが、新型コロナウイルスが流行りだしたときは空、海の輸送経路もストップしました。

その結果、ハンドジェルや消毒液は日本でも製造していますが、容器を中国に頼っているので、「モノはできるのに容器がないから売れない」という事態が起こりました。

同じことが今後、食糧にも転化されていくといわれています。

日本は食糧も輸入に頼っている国ですから、海外で感染症が流行ったり、大規模な災害が起きたりしたら、一気に食糧不足になる可能性があります。

かつての日本は第一次産業に従事していた人が大半でしたが、今では後継ぎがいなくなってどんどん廃業しています。

もし食糧の輸入が制限されたら、その価値は確実に高騰します。すると、お金の価値が目減りしていき、たとえば「100万円で5カ月生活できた人が2カ月しかもたない」ということになります。

だからこそ、現金を稼ぐ手段を持っておかないといけないし、そうならないためにも、今から副業・資産運用をしなければなりません。

副業・資産運用は仕事が無くなったときのリスクヘッジでもあるわけですが、今後のインフレ対策でも非常に重要な意味を持ちます。

とはいえ、そうしたリスクを予見して行動に移せている人は少数派です。この根源は日本の教育にあると思います。

日本は良くも悪くも敗戦国であり、そこから教育が考えられました。そして大手の会社に入ることを推奨し、社会人になったら会社に依存させて独立させない、という常識をつくってきたのです。いわば、私たちが持つ教育観や労働観は、「国民を操るため」に国が推進してきたものでしょう。

国民がお金を持って自由な行動をし始めたら、国民保険・年金保険などが回らなくなります。

だから、会社員から無理矢理に徴収できる仕組みをつくり、新たに制度を立ち上げたり変更したりするときには、1回指示しただけで多くの国民を動かせるように大手企業の待遇を良くし、大手企業が力を持つようにするわけです。

もし全国民が個人事業主だったら、言うことを聞かない人もたくさん出てきて国自体が成り立たなくなります。

国は自分たちの意見を聞いてもらうために国民を教育します。「小、中、高であなたたちはしっかりと勉強しなさい。しっかりと勉強をしたら良い高校、良い大学に入れます。だから良い会社に入れます」と教え込むことで、それが当たり前だと刷り込ませるのです。

ただ、現在はそうしたラットレースから脱落したニートが急増し、国も厳しい状況に追い込まれているはずです。

働きアリがいるから、働いていないアリも生きていけるのであり、働いていないアリばかり増えたら国は維持できません。

稼ぐ道が決められた人たち

製薬会社のサラリーマン時代、たくさんの医師のもとに足を運んでいたのですが、「医師の道しか選択肢がなくてかわいそう」と感じたことがあります。

医師免許を取っても医師の道ではなく、研究をしている人や別の仕事をしている人もいるのですが、大多数の人は「医師免許を取ったら、医者の道を進む」というレールを歩むことを選びます。

医師になったら勤務医か開業医になるわけですが、勤務医だと年収１０００万円程度、開業しても５０００万～１億円程度です。

一般的には高いと感じますが、世の中には医師免許を持たずとも１億円以上を稼いでいる人はたくさんいます。

そう考えると、医師になるために膨大なお金と勉強にかける時間と労力を使ったものの、選択肢は限られていますし、医師の場合は特にレールから逸脱しづらい世界なので、かわいそうだなという感想を抱いたのです。

これは医師に限った話ではありませんが、何かの資格を取ってしまうと、「その資格を活かした仕事に就かなければならない」「その資格から逸脱したことをビジネスにはできない」という見えない圧力があるような気がしています。

そして、その資格を取得する難易度が上がれば上がるほど、その傾向は強まると思います。

たとえば、宅建の資格を取ったら不動産業界、司法試験に合格したら司法の世界といった具合です。

しかし、「資格を取ったから、その世界で働かなければならない」という思考をしていると、労働収入から離れられません。資格を持っていない人でも大きく稼いでいる人はたくさんいるからです。

実際に私は薬剤師免許・ファイナンシャルプランナー・宅建士の資格を持っていますが、あくまで自分の勉強のためで、一回も仕事として使ったことはありません。そこにとらわれてしまうと、今のような自由なことができていなかったと思います。

生きていることは「当たり前」ではない

日本人の大半は、生きていることを「当たり前」だと思っています。だから時間を無駄にしている人も多くいます。

しかし、人間はいつ死ぬか本当にわかりません。

日本では日常生活において死に直面することは滅多にないですし、あっても目を背ける人が多いといえます。

実際に毎日たくさんの人が死んでいるのに、死はまだまだ「直視してはいけないもの」「タブーのもの」としてみなされていると感じます。

私が武田薬品に勤めていたとき、１カ月の余命を2カ月、3カ月に延命する抗がん剤を医療業界向けに情報提供したことがあります。副作用も強かったのですが、その薬で2～3年生きられた人もいます。

私は仕事上、新薬発売直後のこの抗がん剤を前例調査といって、その薬を使った人が亡くなるまでの経過をすべて報告しなければなりませんでした。薬は安全性がとにかく求められますので、その薬が発売して1、2年は前例調査を行うのです。

たとえば、新しい睡眠薬を使って自転車に乗り、倒れて車に轢かれて亡くなってしまった場合でも、因果関係を完全に否定できないときは「死亡」としてカウントします。

また、私は心筋梗塞や脳卒中を起こした人のための薬も扱っていたので、オペを見せてもらったこともあります。このように普通の人よりも死に近い場所にいた体験があり、これは副業を始めるきっかけにもなりました。

『あした死ぬかもよ？』（ディスカヴァー・トゥエンティワン／ひすいこたろう著）という書籍をご存知でしょうか。

20万部を突破したベストセラーです。「生きていることが当たり前だと思っちゃいけないよ」「だからこそ精いっぱい楽しく生きなければいけない」と書かれています。

この本を読んで、私は「お金を稼ぐことだけを目的にするのではなく、稼いだあとに何をするかがとても重要」「生きていることは素晴らしい」とあらためて感動しました。

明日、突然亡くなるかもしれませんし、病気で働けなくなるかもしれません。実際、大学時代には同級生が2人亡くなっていますし、高校生のときは仲の良い友だちのお兄さんが交通事故で亡くなっています。身近な死に直面したことが多々あるからこそ、生きていることの大切さを身にしみて感じています。

幸せはお金だけじゃない。これを皆さんにもぜひ知っていただきたいです。生きていることが当たり前ではないからこそ、できることは今のうちにやっておかなければなりません。楽しく生きないといけません。

今の自分が今後の人生の中では一番若い自分です。これはとても大切なことなので、ぜひ覚えておいてください。

「自分は若い」と楽観している時期はあっという間に過ぎていくもの。何かに取り組もうとすれば、中途半端に手をつけるのではなく、本気で力を注ぐことが大切です。これは仕事でも、趣味でも、副業でも、プライベートでも同様です。

「山登りを老後の趣味にしよう」と計画している人もいるかもしれませんが、老後よりも今が一番体力があるはずです。〝今〟始めたほうが、登れる山も多くなりますし、見ることができる風景も多いです。

山登りだけでなく、若いときにしかできない体験はたくさんあります。ですが、多くの人は「そのうち時間ができたら」と後回しにして、すべきことを先延ばししています。

私が特に大事にしているのは、親孝行です。

両親はあなたよりも先に亡くなる可能性が圧倒的に高いわけですから、後悔しないためにも、これまでのお礼の気持ちを込めて何かプレゼントしたり、旅行に連れて行ったり、一緒に食事したりして、大切な時間を共有しましょう。

もし現在あなたが30歳、両親が60歳で平均寿命の83歳まで生きるとしたら、会うことができるのはあと23年しか残されていません。

1年の中で正月、ゴールデンウィーク、お盆全部会ったとしても、10日程度でしょう。そうなると単純計算で２３０日、つまり日数にして1年未満しか会えないのです。

この本ではお金の増やし方について話していきますが、大切な人と過ごす時間を忘れてはいけません。

私自身、これを重要視していますし、ぜひ読者の方々にも心がけてほしいです。

そして、したいことがあれば、したいときにすべきです。今やれることは今しておきましょう。

複数の副業、「複業」をすすめるワケ

私は現在、３００人ほどの生徒さんを対象に物販、ビジネス、資産運用などについて教えています。

その中で「一つの副業だけをして成功したとしても、それだけだとその副業が稼げなくなった時に、生活ができなくなってしまう。だから、副業を何個もやって、収入を安定化させましょう」ということ、つまり、『複業』をして、収入の安定化を重視して伝えています。

すると生徒さんの多くが最初に次の言葉を口にします。

「自分は成功した経験もないからできない」

「やったことがないからできない……」

そもそも誰もが「初めて」というフェーズを通って「経験者」になります。私も物

心がつく前に物販やFXをしていませんし、不動産を所有していたわけでも当然ありません。親は資産家ではなく、ごく一般的な自営業の家庭で育ちました。

ですから、何かを始める前に不安を抱くのは当たり前のことなのです。そこから「やってみればいい」と考えられるかがポイントといえます。

くわえて、もし失敗したとしても少しのお金と時間がかかっただけで、「どうせ失敗したところで死ぬことはない」と考えることができるかどうかが大事です。

成功している人は意外に「どうにかなるや！」と楽観的に考えて行動しているタイプが多いものです。失敗から学ぶべきこともたくさんあるので、失敗を恐れてはいけません。

世の中にはお金の稼ぎ方を指南する本が数えきれないほど出版されていますが、その多くは著者が推奨する方法（株・FX・不動産投資など）の魅力ばかりを伝え、他の方法を否定するスタイルが多いように感じます。

なぜかといえば、その人がその稼ぎ方しか経験していない。もしくは、それにまつわることしか教えることができないからです。

しかし、万人に当てはまる正解などありませんし、どんな方法であれPDCAを回していけばプロレベルまではなれなくとも、ある程度まで稼げるようになります。大企業を作り100億円、1000億円も稼ぐ必要はありません。これが複業としてなら、別に年間1000万円、2000万円を稼がせてもらえば十分なのですから。

悲しいことに誰かをだまそうとしている人は、自らの成功体験を過大に自己評価しがちです。しかし、その成功体験を鵜呑みにしてしまうと、聞いた人は失敗してしまうこともあります。

また、本人はだます意図がなくても、知識がなく、結果として間違った情報を流してしまうケースもあります。

一例をあげれば、ファイナンシャルプランナーが書いた「お金の貯め方」というテーマの本はよくあります。

やはり自分の土俵に話を誘導し、お金を増やすのではなくて、ひたすら節約してお金を残すというような情報だけを伝えているケースが多々あります。そして、その人の主観で特定の投資やビジネスを否定することも多いです。

これはその著者がファイナンシャルプランナーとしての知識・経験しかないから致し方がないのですが、私たち読者はそれを理解したうえで客観的に判断する必要があります。

ファイナンシャルプランナーは所詮「お金持ち」ではありません。それゆえ節約することしかすすめられないのです。

また戸建て投資の本であれば、中古で安価な物件を買って成功するための方法が書かれており、それは間違いではないと思います。

しかし、「経済的・精神的・時間的自由を得る」という目標を実現している人の投資スタイルは、戸建て投資だけでなく、新築ＲＣマンション・中古ＲＣマンション・中古木造アパート・中古区分マンションとさまざまです。

もちろん、不動産投資だけではなく株やＦＸなどの投資、もしくは事業で成功している人も大勢います。

あくまで、本はその人の価値観・手法しか載っていないので、複数の本を読んで自分に合った副業、資産運用を探してもらいたいと思います。

私の場合はさまざまなお金の稼ぎ方を経験してきたのですが、どんな方法にも一長一短があり、ある意味「どれも正解」だと認識しています。

そして、何か特定の投資やビジネスに集中するのではなく、「掛け算」によって資産を拡大していくべきだと考えています。だからこそ、私は複業を推奨しているのです。

第2章

「自分」「他人」「時間」「お金」すべてを使ってお金を稼ぐ

「自分」「他人」「時間」「お金」に働いてもらう

複業では、「自分」「他人」「時間」「お金」という順番で働いてもらうことがポイントになります。

1つ目の「自分」というのは、物販や外注の仕事など自分が働いた分の収入が入ってくるものを指します。

このとき、「上限が決まっていないものを選ぶ」のが大切です。

『金持ち父さん 貧乏父さん』では自営業とサラリーマンを分けたうえで4つにカテゴライズしています。このうち、サラリーマンの収入ではなくビジネスオーナーの収入を増やすのです。

たとえば仕事終わりにアルバイトをするのは、サラリーマンと同様に働いた時間と比例して収入が変動します。これだと収入は働いた分しかもらえません。つまり、頭打ちします。

しかし、物販の場合では労働したらいくらでも稼げます。利益が大きい商品もありますし、「他人」を使い、外注化することもできます。そのうえで自分にしかできない仕入れの仕事を増やしていけば、さらに規模を拡大していくことができ、収入を自分で決めることができます。

このように「自分」で稼ぐとは、自分で動いて頭を使って仕組みを構築したり、自分にしかできない仕事を指します。

これが順調に機能するようになれば、「自分で仕組みをつくって他人に働いてもらう」ことを考えましょう。これが、２つ目の「他人」です。

前述しましたが、外注化して他人に働いてもらうことで自分の時間が生まれ、自分にしかできない仕事をすることができます。

会社の社長というのは給料が高いです。なぜなら、自分にしかできない仕事をしており、誰でもできる仕事は社員にやってもらっているからです。つまり、時給の低い仕事は他人にやってもらう。これで自分の収入を激増させることが可能です。

物販であれば仕入れを増やすためには「リサーチを外注化する」「ツールを使い効率的に仕入れをする」「ツールを使い、無在庫販売を行う」「メーカー卸から直接仕入れる」などの方法があります。

「無在庫販売」とは、「アマゾンで買ってヤフーショッピングで売る」「アマゾンで買ってＱｏｏ10（キューテン）で売る」といったように、自分の商品は持たず出品だけして売れたら、そこから買ってお客さんに届けるビジネスモデルです。

1アカウント15万円程度は稼げる仕組みとなっています。これを外注さんを雇って複数アカウントを作れば、さらに収入を増やすことも可能となります。

私がコンサルしている生徒さんは物販の仕組化を実現しており、前述した無在庫販売のツールを駆使しながら24時間稼働するシステムを構築しています。

たとえば、ヤフーショッピングでアマゾンにある商品をツールが検出・出品します。注文が入ってきたら、その商品をアマゾンから買って届いた商品を出荷します。これをすべて外注化しているわけです。

3つ目の「時間」とは、回収・利益を出すのに時間がかかるものを指します。

私が行っている不動産投資には、「インカムゲイン」という仕組みがあるのですが、毎月家賃をもらいながら、時間をかけて利益を出していきます。

不動産投資以外に、時間をかけながら稼いでいくビジネス・投資にはアフィリエイトや積立投資などもそうです。これは、短い時間では利益があまり出ませんが、時間をかけることで利益が膨らんでいくようなビジネスです。

早めに仕組みを作っておくと、後々大きな財産になりますが、あくまで「後々の……という」ところになります。多くの人は即金性の高いビジネスや投資をやりがちですが、時間を味方につけるのは大事なタスクと考えます。

４つ目の「お金に働いてもらう」とは、資産運用です。そのためには、まず軍資金を作らなければいけません。お金は「自分」と「他人」と「時間」を働かすことで増やせるので、最終フェーズとなります。具体的には、不動産・FX・株などがあります。とはいえ、不動産の場合、「時間」と「お金」の両方に働いてもらう必要があるため、先に仕組みを作っておき、その後でお金を働かすのがお金持ちの思考です。

大きなお金ができたら年利５%、10%で資産運用をするだけで食べていけるだけの状況となります。超お金持ちというのは、数十億円持っており、そのうちの10億円を年間利回り10%で運用し、１億円を毎年手にしてそれだけで生活をしているから実際お金は減りません。

足し算ではなくて掛け算

本章の導入で、「自分」「他人」「時間」「お金」という4つを働かすことの重要性を解説しました。

最初はお金がないので「自分」でまず動きます。そして「他人」を使って効率化します。そして、ある程度お金ができたら、今度は「時間」に動いてもらうものに仕組みを作ったり投資をしたりして、待っているだけでお金が入ってくるようにします。そして最後に、お金が大きく増えたら、「お金」でお金を増やすスタイルでさらにお金を働かせます。

多くの人は物販だったら物販だけ、不動産なら不動産だけと特定の方法ばかりに力を入れています。しかし、それではリスクがかたよることはもちろん、デメリットを補うこともできません。

投資の世界には「Don't put all your eggs in one basket（すべての卵を一つのカゴに盛るな）」という格言があります。

卵を一つのカゴに盛ると、そのカゴを落としたらすべての卵が割れて無になります。しかし、複数のカゴに分けて卵を盛っておけば、一つのカゴを落としたところで、他のカゴの卵は影響を受けずに済みます。

どんなビジネス・投資にもメリット・デメリットはありますが、まるで恋をしている人のように盲目的になり、負の側面を客観的にとらえられない人は大勢います。たとえば不動産投資だと、確かに住居はなくなることはありませんし、銀行から融資を受けられるので資産を増やすにはもってこいです。

しかし、プラス面だけ見ていると痛い目を見ることもあります。これから日本では確実に人口減少が進みます。すでに空室率は上昇しており、都内でも空室率30％と報告されているのはご存知でしょう。

この数字は直近では「民泊」用で埋めていた部分が大きく、現在は外国人旅行客が激減し、今後もいつ回復するかわかりません。空室率はさらに上がると予想されます。

くわえて不動産投資には金利上昇のリスクもありますし、市況によってはそもそも銀行融資を受けにくくなり、物件が買えなくなるというデメリットもあります。

いくら本やセミナーで知識を得たとしても、その基準をクリアできたのは過去の話（あるいはその人の属性）であり、今では実現不可能なケースも多々あります。

そういう意味では、不動産投資が誰にとっても再現性の高い投資とはいえないでしょう（個人的には好きな投資となりますので、今後も続けていきますが）。

また、不動産投資で得たキャッシュフローを貯金だけしていると、インフレによって価値の目減りが起きます。

たとえば、「週刊少年ジャンプ」は私が子どものころは190円でしたが、今は290円です。自販機の飲料水も100円だったのが130円に値上がるなど、物価は確実に上昇しています。

ですから、仮にお金を銀行に預けたまま何もせずにいると、中長期的には預金金利よりもインフレ率のほうが高くなってお金の価値が下がってしまいます。

ここで不動産だけでなく物販も並行して行ったとしましょう。仮に年間キャッシュフローが300万円の物件を買おうとすると、物件価格は1億円程度になりますから、9000万円の融資を受けたとしても、かなりの金額になります。

しかし物販で年間300万円を稼ぎたいのなら、外注化・仕組み化していれば月に

10時間もあれば実現できます。

不動産投資と違ってレバレッジを効かせられないので労力はかかりますが、リスクを抑えて速いスピードで稼ぐことができます。

不動産投資でキャッシュフローを得つつ、そのキャッシュフローを使って、資金効率の良い物販をしたら、さらに毎月の収支は高くなり、月に50万円、70万円の利益を出すことが可能となります。

不動産投資は稼ぐまでに時間がかかるデメリットがありますが、物販はそれを埋めるほどの資金効率が早いのです。逆に物販は仕入れ資金が必要になりますが、不動産投資のキャッシュフローがあれば、物販の仕入れ代金を捻出できます。

このように複数の方法を組み合わせることで、メリットとデメリットを打ち消し合います。手がかからないものであれば、積み重ねていくことであまり時間をかけずに自分の収入も積み重なっていきます。

実際には、単純な足し算のように思えても、結果的には掛け算でふくれ上がっていきます。

特に不動産投資は外注化がしやすいため、物販以外のビジネスや投資とも相性が良いといえます。

ただし、ローン返済をする期間がかかるため、早く始めるに越したことはありません。よく「お金が貯まってからやります」「時間ができてからやります」「勉強してから始めます」と言う人がいます。それは間違いではないのですが、効率はかなり悪いです。そもそも「時間ができてからやります」といっても、30~40代は仕事や子育てに忙しいでしょう。

50代は身体的に疲れてくる時期であり、年齢からやり直しがききにくくリスクを負いたくない時期でもあります。そこで退職のタイミングまで行動を待つ人も多いです。しかし融資は79歳までに完済するケースが多いため、60代になったら今度は融資期間が最大でも20年未満になってしまいます。これではよっぽど多額の現金がない限り、不動産投資はできません。

もし時間がないのなら、プロに依頼したほうがいいでしょう。それくらい時間は重要です。私たちは頼れるプロを探すのが仕事なのです。特に不動産投資は管理会社やリフォーム会社、入居者を見つけてくれる賃貸仲介会社もたくさんあります。

繰り返しにはなりますが、早く始めたほうが最終的には利益が大きくなることのほうが多いです。後回しにするのはやめましょう。

また「お金ができてからやります」という人も非常に多いですが、30～50代で年間１００万円を貯められたとしても、新築アパート６０００万円の物件を現金で買おうとすれば60年もかかってしまいます。

結局のところ、融資を受けなければ不動産を買えないのです。不動産投資は時間に稼いでもらうビジネスだからこそ、早いところ始めたほうが得策なのです。残債の減りも早くなって、最終的にはお金が貯まります。

特に不動産投資はキャッシュフローがあるため、年間１００万円しかサラリーで貯められない人も、物件のキャッシュフローを足すことで年間１５０万円、２００万円と貯蓄のスピードが加速するのです。

不動産投資は早くから始めるほどリスクヘッジにつながるため、若ければ若いほど有利です。

私自身、初めての物件を買ったのは26歳です。この年齢で20年の融資を組んだとしたら46歳で完済ですから、完済後は無担保の物件からキャッシュフローがどんどん入ってきます。

副業＝ちょっとしたお小遣い稼ぎではない

私の知り合いにとある大手企業へサプリを卸している、年商12億円企業の経営者がいます。仮に利益が20％だとすれば、1年間で2・4億円の利益です。

大手から仕入れて大手に卸すＢ　ｔｏ　Ｂという物販でそれだけ稼いでいる人がいる一方で、「メルカリで月2〜3万円が稼げればいいや」と満足している人もいます。

フリマアプリのメルカリは手軽に個人間で商品の売買が可能なので、「簡単にできそう」「お小遣い稼ぎがしたい」と望む人が続出しています。そして実際に、多くの人が実践しています。

しかし、ピラミッドの部分（次ページの図を参照）でいうと、同じメルカリをやっている人たちの中でも上の人たちは、月50〜１００万円と稼いでいるのです。

その人たちの存在を知らないままでいるのは非常にもったいないです。よく「周りの5人（10人）の平均年収が自分の年収になる」というように、人間は身近な人と考え方や収入が似通ってきます。

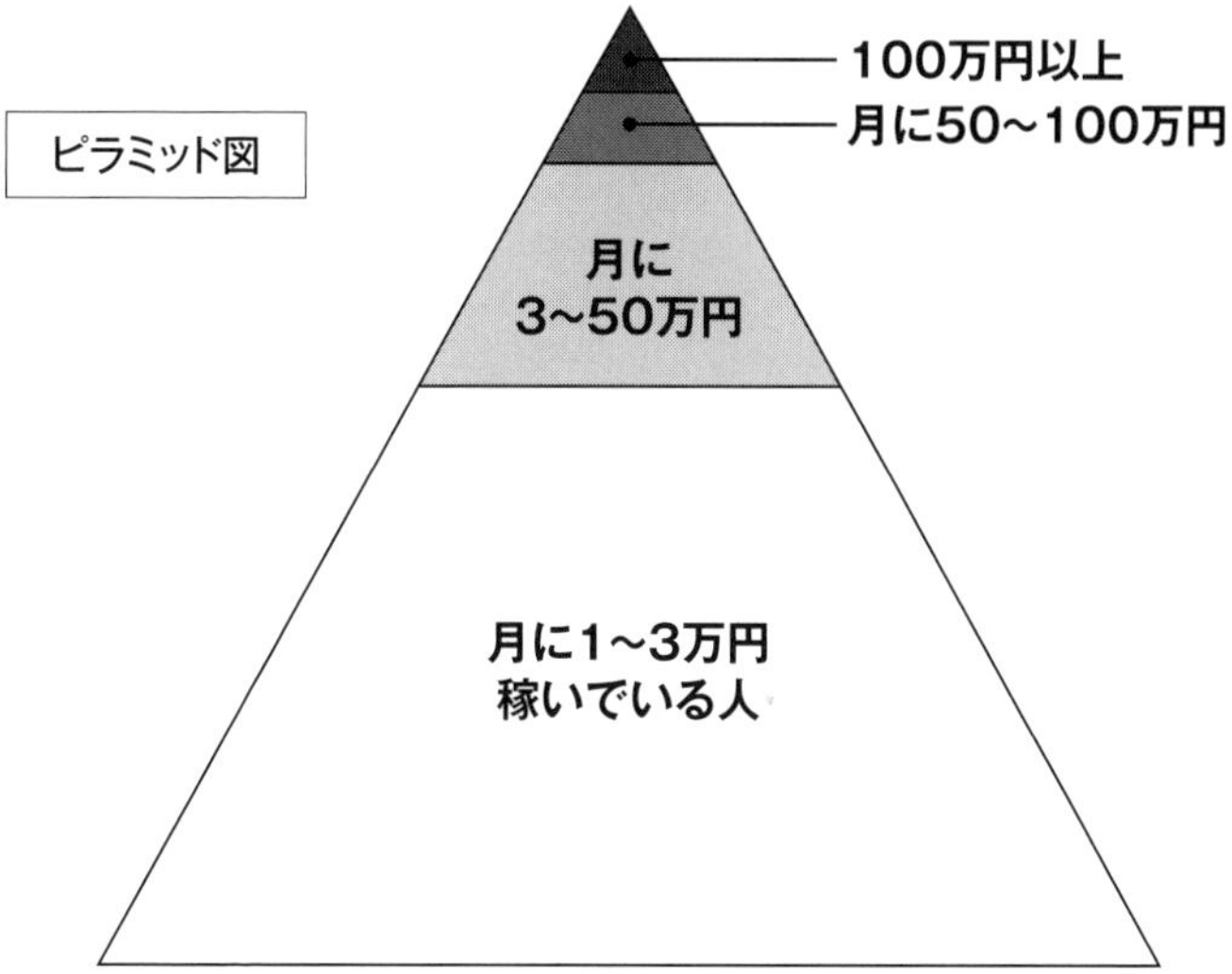

私はセミナーでこの部分をよく話すのですが、副業で月３万円を稼いでいる人の集団に入ると、「自分も月３万円程度しか稼げないんだろうな」と無意識に壁をつくってしまいがちです。

そのため月30万円、１００万円という世界をイメージできないのです。

逆にいうと、それだけ稼いでいる人の存在を知るだけでも、自分の中で「パラダイムシフト（意識改革）」が起こる可能性は十分にあります。

どうせ行動に移すのなら、大きく稼いだほうが良いと私は思います。

まずは夢を書きだすことからスタート

同じ会社の5年上の先輩、10年上の上司、20年上の上司を想像してみましょう。

あなたが何も行動を起こさなかったら、5年後には5年上の先輩、10年後には10年上の上司、20年後には20年上の上司のようになっているはずです。

もしも年上の彼（彼女）たちよりも充実した人生を送りたければ、今すぐ行動を起こすべきです。

自分が人生に何を求めているのか、あなたの夢を何個でもいいので、書きだしてみてください。そして、その夢を実現するための行動（プロセス）を再確認しましょう！

あなたの夢は?

•

•

•

•

•

•

その夢を実現されるための行動

固定概念を捨てよう

真面目に勉強してきた頭の良い人ほど、自分がやっていることが正しいと思いがちです。「偏差値の高い高校、大学を卒業して有名な大企業に入るのが幸せ」という教育を受けてきた人も多いことでしょう。

しかし、その考え方は今の時代では足かせになります。

私も武田薬品を辞めるときに「本当に辞めるの？　生活は大丈夫なの？」と多くの人から心配されました。

「大手企業だから安定している」「働き続ければ確実に年収が増えていく」という前提があってこその話なのですが、それは過去の常識に過ぎません。実際に私が辞めてから、武田薬品も大きなリストラを実施していました。副業もしていない、何も用意していなかった人は、大変な思いをしたと聞きました。

一方で、中卒の人でも大きな成功を収めている人は多くいます。もちろん、その逆の「失敗して破たんしている人」もいるわけですが、少なくとも稼いでいる人と稼いでいない人で二極化しています。

なぜなら、中卒の人は大企業に入れないことが多いから自分で会社を作って、必死に働くからです。

しかし、たとえば早慶上智、関関同立といった大学を卒業した人は、良くも悪くも卒業後は大手企業に就職する可能性が高く、残念ながら平凡な人になってしまいます。ましてや、独立開業する人なんて、ほぼいません。

会社が決めている給料のゾーンから出られないので、大きな失敗もなければ大きな成功もありません。

給料が安定して入ってくるから、中卒の人と違って一生懸命に別の道を探さず、目標を失ってしまい、ダラダラと働いてしまうのです。

ですから、嫌なことや辛いことがあっても「安定したお金がもらえるから」という理由だけで人生の大半を過ごしている人が多いのではないでしょうか。

しかし、副業は「やった分だけお金が増える」ものであり、稼ぎが青天井なのでサラリーマンでは味わえない楽しみがあります。

削るではなく、増やすマインド

起業で成功するには、自分の限界にチャレンジするしか方法はありません。

中卒の人のほうが起業で成功しやすいと前に書きましたが、彼らは雇ってくれる会社が少なく、自分で事業を起こす選択肢しかないケースが大卒よりもはるかに多いのです。そのために起業したら「もうこれしかない！」と、限界を常に突破する勢いで働かなければならない状況に自分を追い込むのです。

これは副業にも同じことが当てはまります。月２~３万円を目標にしている人は、「稼ごう」という強い意志が発生しません。簡単にいえば、切羽詰まっていないのです。ことわざにも「背水の陣」や「火事場の馬鹿力」があるように、人間は窮地に追い込まれると１００％の力を出せるものです。

しかし、「本業があるから副業はお小遣い程度でいいや」と妥協すると、大胆な行動もできないですし、リスクを背負わないので本気になれず、稼ぎも増えません。

最近、相談者の中で驚いたのは、ファイナンシャル・プランナー（ＦＰ）の人からの相談で、全然お金を持っていないという話でした。

これは前述したようにＦＰの考え方が「今ある貯金や収入からいくら削るか」をベースにしているからです。

たとえば、月収30万円の人がいたとしましょう。

するとＦＰは、住宅ローンや車代、保険代など支出状況を見ていき、「では生活費をここまで抑えて毎月２万円を貯金していきましょう」とアドバイスするわけです。

このようにＦＰは「削る」という発想で物事を考えており、「稼ぐ」ための提案はしてくれません。そもそもできないのです。

それができるくらいなら、そもそもＦＰの仕事をしていない、もしくは辞めているはずです。

私もＦＰ技能士３級の資格を持っていますが、もし私のもとに「毎月５万円を貯めたいです」という相談者が来たら、「副業をすれば、今の生活をそこまで変えずに倍の10万円を稼ぐことができますよ。そのうちの５万円を貯金すればいいんです！」と提案します。

支出を少しでも削ることばかり考えていると、たとえば「卵を10円でも安く買うために、自転車で20分もかかるスーパーまで買いに行く」なんて愚行をしてしまいます。
しかし、20分で10円のお金を浮かせるのなら、コンビニで20分働いたほうが10倍以上のお金を稼げます。この例だと、「自分は時給30円だ」と言っているようなものです。

自分の時給よりも低くなる行動をしている人が本当に多すぎます。かつての私も車に給油するとき、2～3キロ離れた安いガソリンスタンドまで走ったこともありましたが、よくよく考えれば往復のガソリン代、それに自分の時給を換算すると労力に全く見合わないのでやめました。

もちろん、少しでも安いところで給油する努力は今もしていますが、せいぜい通り道の安いところを利用するくらいの行動に抑えています。

ＦＰの資格を持っていても、多くはサラリーマンなので「稼ぐ」ための知識やノウハウが欠如しています。だから自分が職を失って収入が途絶えたとき、どうすればいいかわからなくなってしまうのです。

ところが皮肉なことに、大半の人はそんなＦＰの実態を知らず、お金の相談をしています。

これは「テストの点数が低い人に勉強を教えてもらう」ようなものです。お金を持っていないＦＰに相談しても、お金を稼げるようになるはずがありません。また、そこまで貯めることもできないのです。

たとえ月の手取りが30万円の人で毎月３万円を貯金できるようになっても、１年間で36万円です。１年間も頑張って節約したところで、１カ月分の手取り程度しか貯まりません。

だからこそ収入が途絶えてしまった人が長い間貯金をしていたのに、わずか給料１～２カ月分の貯蓄しかなく、お金が尽きてしまうのです。

副業で成功するための条件

副業で成功するための条件は、いくつかあります。

1つ目は「時間をかけない」こと。これは仕組み化して、自分の手を動かさなくても済むようになります。

だから、資格や特殊なスキルを必要としない仕事を狙うのもポイントです。理由は、「外注化ができるから」です。世の中には「医師で年収1億円」「税理士で年収5000万円」といった専門職で高収入の人はたくさんいます。

しかし免許が必要な専門職だと、結局のところ自分で働かなければなりません。もちろん免許を持っている人を雇うこともできますが、その人数は限られており外注化しやすいとはいえません。

だからそうした資格や特殊なスキルが必要な仕事は選択肢から外すのです。そうすれば、事業が回ってきた時に周りの人へ任せられます。そうしてまた自分は、自分にしかできないことをするのです。

２つ目は「高単価である」こと。

コンビニやスーパーのように1個20円、50円といった微々たる利益を何千個も集めるビジネスではなく、単価の高いビジネスモデルを構築する必要があります。

私が副業として取り組むときは、１つの事業で月１００万円を目指して、なるべく時間効率を重視します。私の基準としては、物販だと「1個１０００円以上の利益」です。不動産投資だと、年に３００万円以上の家賃をベースにしています。

３つ目は「レッドオーシャンではない」ことです。

副業を始めるにあたり、たくさんの選択肢があります。どの分野を狙うべきかといえば、得意不得意はもちろんありますが、参入障壁がそこまで高くなく、かつブルーオーシャン（ライバルが少ないマーケット）を狙うのがセオリーです。

私はかつて格安スマホの代理店を経営していました。これは「自動的に入ってくる権利収益」ということで魅力に感じたからです。ただし、ソフトバンク・ドコモ・ａｕとライバルに強い競合がいて、完全にレッドオーシャンでした。そのため、稼ぐことは可能でしたが、金額も低く労力もかかるため撤退しました。

不動産投資の場合、大手企業と個人で狙うポジションが異なるため、個人は個人の世界で稼ぎます。

たとえば、大手であれば利益が低すぎて手を出せない小さな物件も個人投資家なら狙えます。つまり同じ不動産市場の中でも、企業と個人が共存できるのです。

いずれにせよ、レッドオーシャンで戦っても消耗するだけです。ブルーオーシャンの市場を選びましょう。

では、ブルーオーシャンをどのように探せばいいのでしょうか。

物販は参入障壁が低いのですが、ジャンル・商品数が多くあるためレッドオーシャンにならない分野での勝負ができます。

たとえば、衣食住関係のものはニーズが多く、その中でも嗜好品がさまざまあります。食品や生活必需品、家電製品などは物販向けです。

その他、許認可が必要で手続に手間がかかったり、行政のルール変更一つでそのビジネスができなくなったりする副業は避けたほうが無難です。

物販でいうとメルカリやラクマなどのプラットフォームは、大手からの圧力が入るとすぐに規約変更されるのでリスクといえます。そのため実際稼いでいる人もいますが、メルカリやラクマだけの販路の人は大きく稼ぐのは厳しいかと想像します。

また、参入障壁が低すぎるビジネスは、レッドオーシャンになりやすいので私は避けています。今だとレンタルスペース、過去には無許可で行う民泊の参入障壁の低すぎて競争が激化しました。

自分が先にやっていて逃げ切れるのならいいでしょうが、「簡単に始められて儲けられそう」と安易に考えて参入すると、失敗するリスクが高いと思います（私自身、過去に民泊をしましたが、参入障壁が低く参入者が多かったため撤退しました）。


ゼロから1を生み出せるのは、ごく限られた人です。

そもそも当たれば大きいですが、外れる可能性のほうが高く、最悪のケースだと破産するかもしれません。そのためよほどの覚悟がない限り、基本的にはおすすめできません。

私が行っている事業のほとんどは、「すでに誰かが成功しているものの利益を一部もらう」というスタイルです。

たとえば物販の場合、アマゾンの市場は年間1兆5000億円なのですが、そこに相乗りして1億円分だけ稼がせてもらうのです。「TTP（徹・底的に・パクる）」という言葉がありますが、まさにこの言葉どおり実践しています。

ゼロから何かを作りだすのは難しいですし、大きなリスクも伴います。しかし、成功者が多くいる市場で、成功者の方法をまねるのであればハードルはぐんと低くなり、誰でも月に10万円、20万円くらいなら稼げるのです。

今岡さんのように
成功している人の
まねをしましょう！

コラム１

自分の時給を考える

私はセミナーでよく「自分の時給を考えましょう」と話しています。

勘違いをしている人も多いのですが、前述したように、人はお金だけがたくさんあっても幸せになれません。

もしも年収が５０００万円だったとしても、働いている時間が月５００時間ならどうでしょう？　寝る時間もほとんどなく、体調を崩してしまうはずです。そうであれば年収２０００万円で働いている時間が月１００時間のほうが幸せになります。

ですから「いくら稼ぐか」よりも、「時給換算でいくらか」のほうが重要だといえます。

これが人の幸福度を示すものだと私は確信します。

自分の時給を計算する方法は、以下のとおりです。

（本業＋副業の収入合計）÷12（カ月）÷毎月の本業と副業の労働時間合計

では、時給を高めるためにはどうすればいいのでしょうか。

その一つの方法が「仕組み化」です。

自分一人だと年収がそこまで高くなくて労働時間が多いという状況だったとしても、それを仕組み化することで、出ていくお金が増えてもそれ以上に収入は増え、労働時間は減ります。

時給が上がれば趣味や家族と過ごす時間、人と情報交換できる時間が増えるので、結果的に幸せになると私は考えています。人脈も変わるため、さらに良いアイデアが浮かびます。

時給の目安としては、サラリーマンだと1500~2000円が多いです。少ない人で800円でした。副業をしている人なら5000円くらい、不動産など仕組み化している人は1~5万円の印象です。仕組み化ができると勝手に入ってくるお金が増えていくのです。

繰り返しになりますが、大切なのは「稼ぐ金額」ではなく「時給」です。管理職で年収1000万円で残業だらけの人よりも、年収800万円で出世をあきらめた定時に帰る人のほうが幸せな場合も多いのです。

同じ年収500万円でも、残業が一切ない人と毎日終電近くまで働いている人では、まったく幸せ度が異なります。年収という数字だけで幸福度は測れません。

年収６００万円の人を単純に月給に置き換えると、月50万円です。残業の量にもよりますが、おおよそ時給換算で２０００円です。つまり、時給１２００円のアルバイトをすると、自分の時給を結果的に下げることになるのです。

自分の時給よりも低い仕事は、基本的に他の人へ任せたほうが良いでしょう。できることなら家事も外注すべきです。今は共働き世帯が多いですが、旦那さんに家事をさせるのも、稼ぎのある女性が家事に時間を使うのも生産性が高いとはいえません。

また、それによって喧嘩をしている夫婦もいますが、本当に時間の無駄です。中には家事がストレス発散や気分転換になる人もいるので、絶対的に無駄とはいえませんが、家事の分担でもめるのはやめましょう。

もし家事の負担を軽くしたいのなら、１時間１５００〜２０００円くらいの家事代行を頼むこともおすすめしますし、そこまでしなくともドラム式洗濯機やロボット掃除機を購入し、効率良く家事をするという選択肢があります。それで家庭環境も円満になるケースが多いのです。

第３章

「複業」マインドを提案する

数万円稼げる副業ではなくて月100万円稼げる副業を‼

副業をするとき、本業の片手間でもまったく問題はないのですが、サラリーマンの収入を超えるつもりでやらないと、思考の変化は起こりません。そのため私は、副業ではあるものの、一つの事業としてとらえております。

目標値は決めなかったり、中途半端にせず、それだけで食べていけるレベルに設定する。これが大切です。

副業を始める理由は人それぞれですが、大きく言えば「もしも今の仕事が無くなったとしても、生きていけるだけの収入は欲しい」からではないでしょうか。そうなると、月に30～50万円は稼がなければいけません。

せっかく「やる」と決めたのなら月1万円や2万円ではなく、50万円を稼ぐつもりで取り組まないと時間がもったいないではありませんか。私は志が低ければ成功をつかめないと考えています。

副業は「簡単で始めやすい」というイメージが昔からありますが、簡単に始められるからこそ、すぐにやめてしまう人も多いのが実情です。

たとえば、アフィリエイトなら5万円を超えるのが非常に難しく、大半の人がその壁を越えられない現実があります。

少し情報が古いですが、２０１６年に行われたアフィリエイトマーケティング協会の意識調査（http://affiliate-marketing.jp/release/20160509.pdf）によれば、「月１００万円以上の人：10・４％」、逆に「収入がない人：23・６％」と最多。収入を得ている人の最多が「月１０００円未満の人：17・４％」ついで「月５０００円未満の人：９・７％」という報告がされています。

つまり半数以上の人が月５０００円すら稼げないという結果になりました。ちなみに「月３～5万円の人：４・３％」です。このデータからアフィリエイトで利益を得ることの難しさがわかるでしょう。

しかし、しっかりと学んで実践し、5万円を稼げるようになると効率良く稼ぐ方法がわかり、収入は青天井に伸びていくようになります。大半の人が壁を越えられないのは、目標を3万円などの低い金額に設定しているからです。

目標数値をあえて高く設定する理由

私が〝複業〟で年間の利益が1000万円を突破したのは、スタートして1年半後のことです。

「月100万円」「年間1000万円」といった数字はキリがいいので多くの人が目標に掲げているのですが、お金を稼ぐのはあくまで「手段」であり、「目的」は別のところにあるはずです。

また、月の収入が3~5万円増えたら今の生活より楽になるから、という理由で副業を始める人がとても多くいます。

しかし、前述したようにその考え方は間違っています。月3万円、5万円程度なら今の考えを大きく変えなくても達成可能だからです。たとえば、月に10日間、仕事が終わってから夜コンビニでバイトをすれば、1日3時間でも3万円程度は稼げます。

今までの延長線だけで実現できてしまう数値目標だと、人は本気になれません。現状の考え方では無理だからこそ、考え方を変えることができるのです。それができれば今までの自分の常識を打ち破って、大きな成果を出せるのだと私は確信しています。

したがって、目標となる数字は「いつまでに・いくら稼ぐのか」を実現可能なレベルではなく、あえて実現不可能なレベルで設定してください。そして、そこまでの道筋を考えたり、成功している人からアドバイスをもらい、計画を立ててください。

年収が５００万円の人なら、２０００万円に目標を設定するのです。そうすると、すぐに「この仕事だと達成できない」ことに気づき、転職・副業・起業という選択肢が増えます。

「今の会社でちょっと頑張ればいい」「バイトを少しすればお小遣い程度は稼げる」などと高をくくっていては大きな成功は望めません。

とても今の自分には無理だとプレッシャーをかけるくらい高い目標を設定することにより、思考がガラッと変わります。これを私は「パラダイムシフト」と呼んでいます。

私の場合、「ゼロから起業する」という選択肢が過去にありましたが、やはり「０—１００だとリスクが高すぎる」と判断しました。

一つの目安として複業で年収の３倍稼げるまではサラリーマンを辞めてはいけませ

ん。本業を辞めると、年金や保険は自分で払っていかなければいけませんし、収入の増減もあり、想定している以上にさまざまな経費がかかります。

もし年収と同じくらいの複業収入で会社を辞めてしまうと、リスクは高いですし精神的にも不安が募ります。体調を崩したり起業がうまくいかなかったら、あっという間に貯金を食いつぶす生活になります。

私はかなり慎重なタイプなので、よほどのブラック企業に勤めていて精神的にも肉体的にも追い詰められない限り、本業を辞めるためには複業収入は高いに越したことはありません。

最初は、自分自身でお金を稼ぎ出すのは想像以上に難しいものです。

しかし、複業なら成功している人の事例はたくさんあり、そこから学ぶ方法も多様です。起業よりも複業のほうが失敗する確率は圧倒的に低いといえます。

サラリーマンから起業して失敗するのは、「自分ならできる！」と自意識過剰になり、その結果失敗してしまうのです。こういうこともあるので、まずはできそうな副業からやってみて、失敗してもサラリーマンの収入が入ってくる。そして、今度は別の自分にあった副業にチャレンジする。それくらいの柔軟さが大事です。

今岡流、「複業」での稼ぎ方

私が26歳のとき、周りには不動産投資をしている人、物販だけで稼いでいる人が何人もいました。

副業と聞けば大半の人が5万円、10万円の小さなお金を稼ぐ内職レベルを思い浮かべるはずですが、実際には数百万円を稼ぐこともできます。

こんなことを言うと、「年収５００万円の自分には無理」「給料以上に副業で稼ぐなんてできっこない」と信じてもらえない人もいるでしょう。

特に会社から給料を得ていると、それが当たり前になってしまいます。

しかし、いかに自分が会社に依存しているかを気づくべきです。

先日、「複業を始めたい」と言っていた生徒さんがすぐにやめてしまいました。理由を尋ねると、「曲がりなりにも自分は会社で年収１０００万円稼いでいますから」ということでした。おそらく、思うように成果が出せず劣等感を感じたのでしょう。

ですが、その人の年収は自分の力で勝ち取ったものではなく、会社のネームバリューで稼いだに過ぎません。

私自身、ＭＲになったときに感じたのは、武田薬品という会社のブランドで自分が評価されているという現実です。ドクターからは「武田さん」と呼ばれ、私個人よりも会社の看板（ブランド）で見られていました。

これが昔なら終身雇用も年功序列も根強かったので、会社の看板のもと定年まで働き続けることができました。

今は、自分の個の力を上げていかないと生き残れません。

そして、そのことに気づいているからこそ、一部上場企業に勤めている人や副業禁止の公務員でも副業を始め、リタイヤを目指す人が出てきているのでしょう。

ところで不動産投資の世界では年収の高い人、勤め先が安定している人、社会的ステータスが高い人、結婚して子どもがいる人が割合として多いように感じます。世間一般でいう「勝ち組」の人たちです。

そうした傍目から見ると羨ましがられる立場の人なのに、会社が嫌になったり、時間がなかなか取れない今の生活から脱却したがっています。これはなぜでしょうか。

おそらく、

「強いプレッシャーの下で働いているから」
「自分のやりたいことができていないから」
「この収入がずっと続くとは考えられない」
「思っている以上に自由な時間がないから」

というのが理由でしょう。私が武田薬品に勤めていたとき、40代でも過労死や病気などによって亡くなった人が数名いました。

これは実際にあった話ですが、上司と部下で泊りがけの出張に行き、翌朝いつまで経っても上司が起きてこないので、心配になった部下が呼びに行ったら心筋梗塞で倒れていました。原因はわかりませんが、おそらく仕事によるストレス、過労だったのではないか推測されています。高収入の人は仕事で疲弊している人も多いのでしょう。また、年収が高い人ほど単身赴任をしているケースが多いので、家族と一緒に過ごせないストレスが大きいのかもしれません。

いずれにせよ、現在は稼ぎ方の選択肢が増えており、会社の給与以上に複業で稼ぐことも十分できる時代です。特に不動産投資は仕組みが整っており、一般のサラリーマンでも高い収益を得ることができます。

のび太くんに教えを乞うのはやめよう

副業を始めるとき、膨大な時間をかけて勉強する人もいれば、すぐに実践して「走りながら考える」という人もいます。

私は、後者の「走りながら考える」タイプです。副業にまつわる関連本を１００冊読むくらいなら、人に10時間稼ぐコツを教えてもらってすぐに実践したほうがはるかに生産的だと考えています。

そのため、コンサルを受けることも積極的に活用しています。当たり前ですが、３年間かけて稼げるようになるよりも、今すぐ稼げるようになったほうが良いわけです。そのほうが結果的に利益は増えます。

このようにスピード感を持って結果を出すためには、「成功者から学ぶ」のが大切です。前述したように、生きていることは奇跡なので、生きている残りの時間を有効的に使うためにはスピードが必要です。

もし、自分でこの副業をやろうと決断できないとき、家族、友人、同僚、上司、業者……身の回りの人に「こういう副業をしようと思っている」と相談する人が多くいます。多くの場合、まず反対されるはずです。「やめとけ、失敗するぞ！」と強く否定される可能性が高いでしょう。

しかし、これは成功していない人の行動です。実際にあなたが副業で成功していると思い当たる人に聞いてみてください。「副業はやったほうが良いよ！」と絶対に背中を押してくれることでしょう。

ここまで読まれてもピンと来なくて、身近にいる人に聞いてしまう人は圧倒的に多くいらっしゃいます。それなら、このような質問をすれば実感してもらえるのではないでしょうか。

もし、あなたが『ドラえもん』の世界にいて、明日テストでわからない問題がありました。さて、いったい誰に相談しますか？

のび太くん、ジャイアン、スネ夫……いえいえ、間違いなく「でき杉くん」でしょう。勉強を教えてもらいたかったら、勉強が一番得意な人の話を聞く。これは当たり前のことです。

にもかかわらず投資やビジネスに置き換えると、大半の人が「のび太くん」、つまり経験も知識もない人に話を聞いてしまうのです。

今でこそ副業解禁の時代にはなっているものの、まだまだ相談できる人が少ないからでしょう。だから身近な人に話を聞いてしまうわけですが、勉強ができない人にいくら「教えてよ」と頼んでも無駄なのと同じで、投資やビジネスのシロウトに相談したところで正しい答えが返ってくるわけがありません。

そして一般的な人は身近な人から強く反対されると、「やっぱり自分はだまされているのかな？」と疑心暗義になってしまうものです。

結局は「アフェリエイトは怪しいな。物販は稼げないよな。一般のサラリーマンでは稼げないよ」という間違った認識のまま、これまでと同じように粛々と会社勤めを続けることになります。

しかし、この本を読んでいるあなたは、そうなりたいと願っていないはず。

ですから、まずは成功している人から話を聞くようにしてください。そのうえで一度行動してみて、もし自分に向いていないと判断したら、別の選択肢を考えれば良いのです。まずは行動を意識づけましょう。

ちなみに、よく、「家族に大反対にあいました」という人がいらっしゃいます。しかしながら家族や親友は、もしあなたが本気でやりたいと考え、行動しているのであれば応援してくれるものです。それでも反対されるのであれば、それはあなたの本気度が足りなかったり、調べが足りなかったりする可能性が高いと思います。

本当に一生懸命やって、本を月に10冊読んでセミナーも受けて学んだ、その副業で月に１００万円稼げるようになったら、反対などするはずがないのです。

私自身、不動産投資をやりたいと妻に告げたときは、寝る間も惜しんで本を読みセミナーに足繁く通っていたので、「そこまで言うのたら、もう任せるわ」という感じで応援してもらえました。

不動産投資を奥さんに反対されるケースはよくありますが、それは「〇〇さんが儲っているみたい」といった安直な理由で始めようとしているからです。それだと「だまされているんじゃないの？」と奥さんが不安がるのも当然です。

そして、ろくに勉強もせずに始めて失敗してしまったら……。身内はその人がしっかりと勉強して、成功を収めれば、誰も文句を言わないはずですよね？

成功している人に話を聞くようにすれば、知識も戦略も目標も明確になり、どのように資産を拡大していくかをロジカルに説明できるようになります。たとえ家族に話さなくても、自分の中で明確にしておくことは非常に重要です。

東大にいくために最適な行動とは？

　ここでまた質問です。

　もしあなたの子どもが「東大に合格したい」と望んだら、どんな行動をするでしょうか。

　参考書や無料の情報をもとに独学で勉強させる。これは間違いではありませんし、実際に独学で東大に合格した人は何人もいるはずです。

ただし、それでは浪人する可能性は高いし、そもそも受からない人が多いのです。

そのため、普通の親なら塾に行かせたり家庭教師をつけて、「解くためのノウハウ」を効率的に学んでもらい、現役で合格してもらおうとします。


　副業もこれと同じです。月１００万円という困難な目標を立てた場合、独学で達成できる人もいますが、多くの人は塾（スクール）、家庭教師（コンサル）を利用して成功者からノウハウを学んでいるのです。ノウハウを学ぶから成功者が多いのです。

前述したとおり、成功するためには成功している人から学ぶのが一番の近道です。それにくわえて、重要なのが「方法」と「お金のかけ方」です。

私の実家は大阪にあるのですが、あなたなら帰省するために、どうやって東京から大阪まで行きますか？

東京から大阪に行く方法は、さまざまあり、徒歩、自転車、自動車、新幹線、バス、飛行機などの手段があります。

どれが絶対的な正解というわけではなく、お金を徹底的に節約したければ徒歩や自転車になります。

実際には徒歩や自転車で行く人はいないと思います。少しお金をかけられるならバス。時間を優先したいのなら、新幹線や飛行機を選びます。

つまり、お金をかけずに副業をスタートするのは、東京から大阪まで歩いて行くのと同じことなのです。

あなたが月に50万円、１００万円を稼ぐと決めたのであれば、まずはゴール達成のルートを考えましょう。すべて自分だけで対応すればコストはかからないかもしれませんが、それだけ時間はかかりますし失敗は付き物です。

反対に、人に教えてもらったり人に任せたりするとお金はかかりますが、その分早く目標を達成できますし、目標以上に稼げる可能性が高くなります。

近道をするために、あえてお金を使えば資産規模の拡大スピードが上がります。この世の中で、有限なものは時間です。あなたも時間を大切にすることを強くおすすめします！

私自身、年間300〜500万円程度、自己投資にお金をかけています。物販を学ぶときは半年で100万円の授業料を払ってスクールに通っていました。

そして、始めて2カ月後に月商700万円に達しました。独学でやっていたら、おそらく到達しなかったか、1年以上はかかっていたのではないかと思います。

今岡さんのように
成功していても常に
自己投資を続けているの
ですね！

情報を取捨選択する力を持つ

サラリーマンをしていると、直接お金に触れ合う機会が多くありません。お客さんから直接お金を受け取る仕事をされている人は少数ではないでしょうか。

たとえば私が働いていた医療業界ですと、自分たちはお金に触れなくてクリニックから卸業者がお金を受け取っています。そのため、「人からお金をもらう」という実感が乏しくなってしまいます。

結果として、「人にお金を払う」ことに対して違和感や嫌悪感を抱くのです。

特に今はあらゆる情報がインターネットにあふれていますから、多くの人は副業を学ぶのに対価を払う必要を感じないかもしれません。

しかし、インターネット上の情報は、まったく知らない第三者も見る可能性があるわけですから、すべてオープンに語ることはできません。情報もかたよったものになりがちですし、質が不十分なレベルのものが大多数を占めます。

中には詐欺まがいなことをしている人もいるので注意が必要です。そういう意味で、今は無料で情報が手に入る時代なのは間違いありませんが、玉石混交の世界なので情報を取捨選択する〝目利き力〟がなければカモにされてしまうでしょう。

　これが有料メディア、たとえば書籍であれば、複数の人間がブラッシュアップしながら作り込んでいるので、無料のものとは圧倒的に質が異なります。情報の精度や汎用性は高く、ノウハウが体系的にわかりやすくまとめられています。

　さらに有料のスクールに行くと、ネットにも本にも書かれていない内部的な情報を得られたり、人脈をつくれたりします。この人脈のパワーも大きいです。

　また勉強だけして満足してしまう人は、かなりたくさんいます。無料の情報から勉強していた人なら、特に実践しない傾向にあります。

　しかしお金を払って勉強すると、「払ったからには勉強しなくては！」「少なくとも元は取り戻したい！」と切望するものです。そのエネルギーが行動に移す原動力となります。

　そもそも価値があるからそこに対価が発生するわけです。その原則は業種業態を問わず、どんなビジネスでも同じです。

　以前、私が主催するセミナー後の懇親会でこんなことがありました。

お互いに自己紹介をする際、ある人が「新築のシェアハウスを買ったんです！」という話をしていました。それを聞いた私は「えっ、それ危ないですよ」と警告しました。しかし、その人は「自分は成功している」と頑なに信じて疑いません。それで周りの人にもすすめて自慢したがっていました。

でもそうやって話が広がると、その人は悪意があるわけでもないのですが、結果的にだまされて被害を被る人がどんどん出てくることになります。

無料の情報がすべて悪とはいいませんが、実際に無料の情報を信じ切って失敗している人は数え切れないほどいます。

投資詐欺なども一緒です。自分が成功しているから、その儲け話を善意で周りに伝え、それを多くの人が投資した結果、みんながだまされてしまった……。そんな最悪の事態は、無料で得られる情報の中にあったりします。

特に投資においてはその傾向が強いです。無料だったり、明らかに安すぎたりする場合、利回りが異常に高い場合、その原因は何なのか見極める必要があります。

本当の有益な情報は話さない人も多いのです。それを話すことで規制が入ったり、自分の儲けが減ってしまう可能性があります。実際に人の話を聞くだけ聞いて、自分の話は一切しない人もいます。

私は、相手から良い情報が欲しい時は、自分から良い情報を与えます。つまり、ギブアンドテイクの応用版の、ギブギブギブをするからこそ相手からも良い情報が返ってきて、結果的に得をしていると考えています。

一般的には、価値がある情報はそれ相応の値段が付いているわけです。中でも書籍はかなりコスパが良いといえます。たった1000円や1500円程度で、その著者の持っている情報のかなりの部分を学べます。その結果、1000万円、200万円の利益を出せることも普通にあるのです。

もちろん、すでに多くの情報を得ている人にとっては「読んで無駄だったな」と感じる本もあるでしょう。しかし、それは自分が成長している証拠ですし、情報の取捨選択ができるリテラシーが付いているからです。でも一つでも役に立つ情報や実践できることがあれば、私はその本を読んだ意味があったと思います。

初心者だったら「何が良い情報で、何が悪い情報か」という選別ができません。「良い」「悪い」を見極める能力は、それなりに時間とお金を使わないと、身につかないものなのです。

話を聞いて「これっておかしい」「ビジネスモデルとして破たんしている」と判断できるようになるには、ある程度の知識や経験が必要です。その知識を無料で学ぶ人もいれば、書籍やセミナー、スクールで学ぶ人もいるでしょう。

いずれにせよ、複数の情報を得て比較しないと、客観的に判断できる能力は身につきません。ですから、何かを本当に学ぼうとするなら、まずは自分の知識レベルを高める必要があるのです。これは投資以外の世界でも同じです。

何が良い情報で
何が悪い情報か見極める
力をつけましょう

行動しないための「言い訳」をしない

いろいろお伝えしてきましたが、最も重要なのは「考え方」です。

一般的なサラリーマンは「お金がないから」「時間がないから」「スキルやノウハウがないから」という理由をつけて行動に移すことをためらいます。

しかしお金や時間、スキルやノウハウがなくても、失敗を恐れず挑戦している人はたくさんいます。堀江貴文さんや与沢翼さんは大きな失敗と挫折を経験していますが、それでも今は再び億万長者に返り咲いています。

「〇〇がないから」というのは単なる言い訳であり、自分でやらない理由を探しているだけ。しかし、できる人は「やる理由」を探すのです。

個人事業主や会社経営者は自分で判断・決断をしないといけません。

ですが、サラリーマンは雇われながら守られて生きているので、自分で判断する能力を失っているのです。しかし、家庭の中では自分が家族のお金を握る経営者なのです。

同じ家族なのにまったく家計を把握していないケースすらあります。

ある60代の家庭では、夫婦ともに定年退職するまでお金を全然貯金していなかったそうです。退職を機に無貯金が発覚して、夫婦で一緒にパート勤めをしています。

旦那さんは「妻がコツコツと貯めてくれているだろう」と頼りにしていて、かたや奥さんも「主人が財テクでもしてくれているわよね」と信じたまま定年を迎えました。その結果、貯金がないことに気づいたわけです。

このケースは特別かもしれませんが、何もかも「他人ごと」に考えていると、大きなリスクが顕在化する可能性があります。

あなたがサラリーマンだったとしても、家庭では立派な社長です！

家庭の資産状況はリーダーのあなたが方向性を決める立場であるということを知っておくべきです。

コラム2

何でも3秒以内に決める

私は何か決断をするとき、理由を持つようにしています。これまでのアルバイト先、就職先などもそうです。

大学時代、「無給でいいから」とお願いしてアパレル会社の社長さんのところに2カ月ほど弟子入りさせてもらったことがあります。

当時は大学生ながら100万円ほど貯金があったので、お金を稼ぐためではなく、社会経験を積むために弟子入りしたのです。

その社長さんから教えてもらった印象的な言葉で今も実践していることがあります。それは、「決断力を上げる」、そのために「3秒以内に何でも決める」です。人間は1日に9000〜1万8000回ほど決断をしているといわれています。朝起きるのも、トイレに行くのも、食べたり飲んだりするのも、すべて決断です。

ただ同じ決断でも、日常生活における些細なものから就職活動や投資など大きな決断まであります。そうした一つひとつの決断を早く行うことで、悩む時間が減って空いた時間が生まれます。

一般的には、優秀な経営者になればなるほど決断力が高く、仕事の大半は労働ではなく決断になります。人を雇って動かすのもそうですし、ソフトバンクの孫正義さんなら買収先を選択するのも大きな決断力が必要です。

そして、その社長さんから教えてもらったもう一つ大切な言葉が「決断をするときは何かしらの理由をつける」ということです。

理由をつけることで決断する力、考える力がつくため、何か大事な選択に迫られた時も最良の選択ができる、と社長さんは教えてくれました。

たとえば、自動販売機で飲み物を買おうとするときでも、決断力を上げるために「3秒以内に決める」というルールを守ります。そして、すべての決断に理由をつけます。「のどが渇いていてカロリーオフがいいから水にする」などの「その飲み物を選んだ理由」を同時に考えるのです。

そうした日常的なシーンにおける小さな決断に対する意識を変えることで、いざ大きな決断をしなければならないときに、3秒まではいかないまでも1分以内に理由づけて決めることができます。

理由をつけると、後悔することが圧倒的に減ります。就職してすぐに辞めたり、新しいことに対して三日坊主で終わってしまったりする人は、決断するときの理由づけが弱いからです。意義を持たないまま決めるので、少しでも辞めたくなったときに歯止めになるものがないのです。


何でも3秒以内に決める。

そして理由をつける。


このシンプルなルールを徹底するのです。それだけでチャンスをものにできる可能性は飛躍的に伸びます。

不動産投資においても、決断力は成功のための必須能力といえます。良い物件が出たとき、悩んで1週間後に内見に行ったらもう売れているという世界です。いかにしてライバルよりも早く決断するかは私も強く意識しています。

そのおかげで2020年の3月も、10人ほど買い付けが入っていた物件で一番手になり、購入することができました。決断したことに対して理由づけしているので、断らないという安心感が業者にとっても大きかったのでしょう。

第４章

不動産投資

不動産投資の概要

不動産投資にはテナント物件などもありますが、投資対象となるのは主に住居です。ワンルームマンション・RCマンション・アパート・戸建てはそれぞれに新築と中古がありますし、シェアハウス・民泊・スペース・テナントなど不動産を生かした事業もあります。その中でより安定しているという意味でおすすめは住居です。

住居を貸し出すことで家賃収入(インカムゲイン)が得られ、売却すれば売却益(キャピタルゲイン)を狙えます。つまり、家賃収入もしくは売却益が不動産投資における基本的な収入源といえます。

一棟アパートや一棟マンションと聞くと、「規模が大きく価格も億単位」というイメージを持ってしまいがちです。私も最初はそうでした。

しかし実際に勉強してみると、1000~2000万円の一棟アパートもあります。戸建てに至っては、100万円前後の物件も珍しくありません。

私も97万円と170万円の戸建てを買ったことがあります。人によっては10万円、

20万円で戸建てを購入し、それをリフォームして貸し出して月3～5万円の家賃収入を得ている人もいます。ですから、「不動産投資＝お金がかかる」というイメージは必ずしも正しくはありません。

１００万円程度であれば、貯金を切り崩して現金一括で買える人も多い価格です。銀行融資を受ける必要もないので、最悪入居者がいなくなって無収入になっても「ローンを返済できずに破産」というリスクはありません。

そもそも適切な不動産投資をやっている人は、銀行返済よりも家賃収入のほうが多く、手残り額があります。

大金を持っていなくても、何千万円ものローンを組まなくとも始められる。その選択肢の広さが不動産投資の魅力の一つといえるでしょう。

不動産投資において一番大切なのは、買い方を間違えないことも大切です。私はかつて「銀行が融資を出したから、これは買っていい物件なんだ！」と思っていました。

しかし、この考え方はまったくの誤りです。銀行は借り手の属性（勤務先や年収・自己資金）を見て融資を出している可能性もあるため、物件の価値以上に融資が出てしまうこともあります。

自分で物件の良し悪しを判断する力をつけないと、あっという間にだまされてしまう、もしくは変な物件を買ってしまいます。現実に失敗した人が多いからこそ、「不動産投資は危険だ」という風潮が世間一般に広まっているのです。

大事なのは、最終的な利益です。

少しでも利回りの高い物件を買おうとする人がいます。しかし、利回り5％でも相場より安く、仮に3％で売れるなら投資としては成功です。

一方、利回りが20％でも、誰も住んでくれないような物件で、売っても赤字になる物件なら失敗です。

私の先輩に新築のタワーマンションを買った人がいます。5年ほど住んで売ったら1000万円儲かったと言われていました（ただ、新築タワーマンションの転売で儲けるモデルは、今の時期ではなかなか難しいでしょう）。

ここでお伝えしたいのは、「利回り」や「キャッシュフロー」「価格」といった指標に左右されず成功している人もいるということです。

不動産投資において絶対的な手法は存在しません。どの手法でも利益を出すのは可能です。あるとするならば、〝相場より安く買って高く売る〟という絶対法則だけです。特定の手法だけをすすめる人がいたら、「何か裏があるのでは？」と疑うべきです。

その人が得をする何かがある可能性があります。

さらに私が物件選びで意識しているのは、「出口を見据えて購入する」です。

これは株でもＦＸでも物販でも同じで、最終的にいくら儲けるのかどのタイミングで売るのかを考えたうえでエントリーしないと失敗します。買った年だけ利益が出て、最終的に赤字……なんて物件は失敗です。

不動産投資のメリット

・融資によるレバレッジ

不動産投資にはさまざまなメリットがありますが、最も大きいのは「銀行融資によるレバレッジ」です。「レバレッジ」とは「てこの原理」を表し、不動産投資では「小さい資金で投資効果を上げ、さらに収益性を高めること」をいいます。たとえば、500万円の頭金で5000万円の物件を買えます。

・仕組みが整っている

また、不動産投資（賃貸経営）は古くから存在するビジネスなので、仕組みが整っており、大概のことは外注化が可能です。

物販のように人を育てる必要はなく、管理は管理会社、リフォームはリフォーム会社、家賃は家賃保証会社というように、既存の仕組みに乗っかるだけで利益を出すことができます。

・安定的な収入が得られる

他には、安定的に収入があることも不動産投資の魅力の一つです。「今月は先月の半分しか収入がない」という事態はまずあり得ませんし、逆に「来月は収入が10倍になる」こともありません。収入のブレが極めて小さいビジネスモデルといえます。

私は80室以上を所有していますが、２０２０年、新型コロナウイルスによる経済悪化の影響を受けたのはたった2室です。これは、経済が悪化したといっても、住む家が必要なくなるわけではないからです。

現在、私の毎月のキャッシュフロー（毎月の手残り）は２５０万円程度です。リフォームなどが発生した月は、これが２００万円程度に下がる場合はありますが、マイナスになったことは過去に一度もありません。

・リスクの予測が可能

また、不動産投資ではリスクを予測しやすいのも特徴の一つです。古い物件であれば今後リフォームがかかることはプロでなくてもわかりますし、景気が悪くなったら家賃下落・家賃滞納が増える事態も予想できます。大型の台風が来ると予測できれば、被害が出る可能性も考慮できますし、保険でリスクヘッジも可能です。学生街の物件であれば、大学が移転するニュースが出たら対応策も検討できます。

もちろんリスクがゼロになるわけではないのですが、ほとんどは事前に想定できるため、家賃保証会社や火災保険、募集する層の変更等の対策を考えることができます。何も術（すべ）がないとしたら、前述したように著しく高値づかみをしてしまった、エントリーミスによる失敗です。

たとえば、いっとき問題になった新築シェアハウス「かぼちゃの馬車事件」のような間違った物件を買ってしまった場合でしょう。ただ、これも銀行が最終的に救済措置をしてくれました。

・他人のお金で返済できる

不動産投資では融資を受けて物件を買うケースが多いですが、家賃収入があるので実態としては自分がローン返済をするわけではありません。

これは非常に重要なポイントです。数ある資産形成の中でも、自分のお金ではなく他人のお金を使って毎月返済できる資産運用は不動産投資しかありません。結局のところ「出たお金と得たお金の収支がプラス」であれば、利回りなど指標が数字的に低くても稼げていることになります。

逆に、住宅ローンを組んで自宅を購入するほうが実は危険です。ローンの返済は今の収入がずっと入ると仮定しています。実際は景気の悪化で減給したり、病気になったりして、ローンを返せなくなってしまうケースもあります。

不動産投資では、入居者にローンを払ってもらうため、健全な運営ができていれば自分の収入がなくなったとしても、返済することが可能です。むしろ、毎月プラスの収支になるため、貯蓄のスピードが上がります。

・最後に土地が残る

最終的に土地が手に入ることも、不動産投資ならではのメリットです。普通、不動産投資を考えるときは、「土地の価格」よりも「建物の収益力やキャッシュフロー」を重視されます。

しかし完済したら、その建物の価値が多少落ちようと、土地の価値はゼロになりません。土地神話は崩れてかけているものの、建物と違って経年劣化するものではないので、最終的に建物をこわして自分が住むという選択肢もあります。

また所有権の土地を持つことは、信用力の向上につながります。私が薬局を開業しようと銀行に行ったときも「土地などの担保はありますか？」と言われて、その時は担保がなかったために、融資を断られました……。

ちなみに中国の場合、土地の所有権は存在せず、30年経ったら返すという「借地権」で不動産を購入しています。だから中国人は所有権を得られる日本の不動産を好んで購入しているのです。私も出口として中国人に売った物件はいくつもあります。

そもそも世界的に見ても、日本の不動産はお買い得です。東京の一等地とロンドンやニューヨークの一等地を比較すると、圧倒的に日本の一等地のほうが安いです。日本では「地方はダメだ」などと言われることもありますが、田舎と呼ばれるエリアでもインフラはある程度は整っています。スーパーやコンビニもあり、住んでいる人もたくさんいます。

しかも世界的に見ると日本では格差が小さいため、東京の中心と田舎を比べても生活費が10倍以上になることはありません。それなりに快適な環境でもお金がかからないのは魅力的といえます。

・不動産の知識が役立つ

その他の不動産のメリットとして、不動産の知識はさまざまなシーンで役立つことが挙げられます。「衣食住」という生きていくために欠かせない知識を学べるので、中長期的に見ても人生における財産になるでしょう。

知り合いから賃貸物件を借りる相談を受けてひと言だけアドバイスをするだけでも、10万円くらい経費が削減できて喜ばれることが多々あります。

衣食住の中でも「住」は最もお金がかかる部分といえます。売買仲介や管理の仕組みを知っているだけでも本当に優位に働きます。

それに不動産投資はリスクヘッジがしやすいので、火災保険や家賃保証をかけられるのもメリットといえるでしょう。

少ない自己資金で
他人のお金を使って
資産形成ができるのね

不動産投資のデメリット

・負のレバレッジも大きくなる

メリットの一つに「融資によるレバレッジ」を挙げましたが、これはデメリットにもなり得ます。

しっかり安定した利益を出してくれる物件を割安で買えるのであれば、融資によるレバレッジは大きなメリットとして働きます。

しかし、「かぼちゃの馬車事件」のように間違った物件へレバレッジを効かせて購入してしまうと、大きな負債を背負うことになってしまいます。実際、そうした状況に追い込まれてしまった人が非常に多くいます。

間違った物件を割高に買ってしまうと、購入時よりもはるかに安い金額でしか売れなくなります。区分マンションであっても、失敗している人は売却後に２００～４００万円、ひどいケースだと５００万円以上の残債が出るので、その分を自己負担しなければなりません。

そういう意味で、レバレッジとは「諸刃の剣」なのです。そこを理解したうえで投資・副業をしないと失敗に終わってしまう可能性もあります。そのためにも、しっかりと勉強が必要だと私は思っています。

・失敗の際、損切りが難しい

先ほど「サラリーマンはお金を払うのが嫌い」という話をしましたが、一般的にサラリーマンは損切りに対しても強い嫌悪感を抱きます。

たとえば、区分マンションの失敗物件を買ってしまったとき、２００万円を出せば損切りできる状況でも、判断を後ろ倒しにしてズルズルと負債を拡大させてしまうケースがあります。

毎月２万円程度、空室時には７万円程度の赤字を出しながら、「給料で補てんできるから」「２００万円の損切りと毎月の赤字、どっちを選べばいいのかわからない」という理由で決断ができないまま血を流し続けてしまうのです。

結果的に見れば、２００万円の損切りをしていたほうが損失を抑え切れた状況もあります。しかし、投資初心者の人は、この損切りが苦手な人が多いです。

・お金の動きが遅い

また、不動産投資は資金の動きが遅く、利回り10％でも得られる収入は年間を通してそこまで大きくありません。

それに、外注化の仕組みが整っているからこそ、その分の費用がかかります。リフォーム費用に関しても、エアコンがこわれたら5～10万円程度の出費が突発的に発生しますし、退去があったら数万円～数十万円かかります。大型のＲＣマンションであれば、大規模修繕で数千万円のコストがかかります。

そのため、得たキャッシュフローを使ってしまい現金が枯渇していると、いざというときに払えなくなってしまうので注意が必要です。

不動産投資は先に利益をもらって、何かトラブルが発生したときにそのプールした資金から払っていくものです。

これを自覚せず、キャッシュフローを単なるお小遣いだと勘違いして使ってしまったら、いざ修繕をするときになって「お金が足りない……」と路頭に迷ってしまう人もいます。

・流動性が低い

不動産は流動性が低いので、「売ろう！」と決断しても現金化までに数カ月を要します。株やＦＸと違ってボタン一つで売れるわけではありませんし、売り急ぐと買い叩かれて損をするケースも多いです。

タイミングを見てベストな価格で売ろうとすれば、何年もかけて買い手を見つけなければならないこともあります。

とはいえ、この流動性の低さは逆にメリットだともいえます。取引が成立しにくい対象だからこそ、価格の乱高下がないからです。

・他事業に比べて収益性が低い

その他のデメリットでいうと、他事業と比べて不動産は圧倒的に利回りが低いといえます。たとえば同じ１０００万円の融資を受けたとしても、ラーメン屋さんならうまくいけば半年程度で元本を回収できる可能性もあります。

しかし不動産は、もしも安く買っていなかった場合に、損益分岐で考えると５年、10年でトントン、利益を出そうとすると15年、30年とかかる可能性があります。

私の場合は相場よりも安く買っている物件が多いため、買った瞬間から売っても利益が出ます。そのような物件の買い方をしているので損益分岐点が近いです。しかし、初心者のうちからこの手法はなかなか取れないでしょう。

ラーメン屋さんなら売上げの上限がないに等しいので、たとえば有名テレビ番組で絶賛されたら毎日行列ができることもあり得ます。

反して不動産の場合は良くも悪くも収入のブレ幅が少ないので、家賃収入が短期的に激減しませんが、数倍に増えることもありません。せいぜい出ていく経費を抑えるレベルです。

・収支の悪化リスクがある

また、これは不動産投資だけに限った話ではありませんが、外的要因によって収支が悪化するリスクはあります。

たとえば、物件近くの大学や工場が移転したといったケースです。テナントを貸している大家さんであれば店舗の業績が悪化し、売上げが激減するため、退去または夜逃げをされるなどのリスクがあります。

また、築年数が古くなり、修繕が必要になる回数が増えたり、家賃の下落なども当然あります。

・価格が高く、高値掴みをする可能性がある

これも他の事業と同様ですが、勉強をしていないと悪意のある人や業者にだまされる可能性があります。

「不動産ならどれを買ってもある程度の利益が出る」と考えている人もいるかもしれませんが、不動産は「一物一価」といって一つの物件に対して自分たちで値段を決められるため、指値（さしね）ができるメリットがある一方で、高値を設定することもできてしまいます。

ですから自分で値段を選定できる力を持たないと、高値掴みをしてしまいます。

また、不動産は元々の価格が高いのもデメリットです。物件価格はもちろん、登録免許税や固定資産税、仲介手数料などさまざまな諸経費がかかります。

物件によっては、客付けの際に必要となるＡＤ（広告費）がかかります。場所によって異なりますが、家賃の数カ月分かかることもあります。

基本は１カ月分ですが、たとえば首都圏であれば、０～１カ月、地方では２カ月が標準ですし、北海道の一部だと５～６カ月分です。

・いまだにアナログな業者が多い

メールやＳＮＳで連絡を取るよりは、いまだに電話連絡が主流で、ＦＡＸを使っている業者もまだたくさんいます。不便な点もありますが、だからこそニッチな情報を取れるというメリットもあります。

・悪質な業者の存在

不動産投資のデメリットといえば、裏でマージンを取ろうとしている業者がいることもあげられます。これは昔ながらの慣習が残るビジネスならではといえるでしょう。

たとえば、不動産業者が１００万円の戸建てを紹介したとします。情報開示してもらい、いざ買おうとしたらコンサル費として１００万円がかかるケースです。

つい最近も安い物件を紹介している業者がいたので問い合わせてみたら、コンサル代を当たり前のように請求してこようとしました。これだと、手がかかる物件を相場よりちょっと安く買う価格になってしまいます。

１００万円の物件に対して１００万円のコンサル費と仲介手数料も取るので、かなり悪質です。さらには裏でリフォーム代を管理会社が上乗せすることもあります。このような中間搾取ともいえる手数料商売が行われやすいのが不動産業界の特徴です。

「1億5000万円で買った物件を、2億5000万円で売った！」と堂々と自慢する不動産業者すらいるほどです。

本人からすると、業界の中では「取れるところからいくらでも取ってやれ！」といった考え方が常識になっているのでしょう。しかしどう考えても、これは不動産業界の悪しき慣習の一つです。

たとえ大手企業であっても、地面師にだまされてしまうのが不動産の世界です。不動産のだましは昔から存在し、その道のプロが本気で「だましてやろう」と挑んできたら、シロウトはまずかなわないでしょう。

すべての副業・投資に
言えますが
しっかり勉強してから
始めましょう

不動産投資が向いている人

少し言い過ぎかもしれませんが、私はどんな人でも不動産投資をすべきだと考えています。なぜなら、少ないお金で資産形成できる唯一の選択肢だからです。

強いていうなら、自分が手を掛けなくてもいい仕組みが整っているので、時間がない人にも向いていますし、融資を使うので資産背景（年収が高いとか、正社員で働いている人）がある人に向いているといえます。

また、事業をしている人にも向いています。自社物件を従業員に貸して、空いたら別の人に貸すこともできますし、何より事業が傾いたときでも家賃は入ってくるのでリスクヘッジになります。

特に不動産投資をすると、良い決算書ができやすく、困った時の融資を受けやすいメリットがあります。

もし不動産投資の状況が少し悪くなったとしても、「こういう見込みで今度上がります」と説明がしやすく、衣食住の「住」の部分なので最新の設備・技術などの難しい話が出てくることもないため、金融機関も納得しやすいです。

くわえて巨額の融資を引くのは難しいですが、ちょっとしたリフォーム資金であれば簡単に借り入れることができます。

１００万円、３００万円レベルであれば、リフォームローンとしてたやすく借りることが可能です。個人的にはそのくらいの費用はしっかりとキャッシュフローを貯めておいて欲しいですが……。

サラリーマンの人にはイメージしにくいかもしれませんが、現物があることによる融資の引きやすさは段違いです。前述していますが、サラリーマンがセミリタイアして、何か商売を始めようと計画しても、融資を借りるのは難しいですが、これが不動産であれば簡単に借りられます。

いずれにせよ、不動産は人間が生きていくうえで絶対に欠かせないものであり、そこへの投資は極めて需要の本質を突いているので、誰にでもおすすめしたいです。

そして少しでも早く始めましょう。早く始めるほど完済するまでの期間が短くなるからです。

また、利回り重視の人は多いですが、そういった「利回り星人」は業者から嫌われる傾向があります。

私は最終的な儲けを考えているので非常にシンプルです。

たとえば１００万円の戸建てを10戸買って、利回り30％で年間３００万円の収入を得るよりも、３０００万円のアパートを利回り15％で買って、年間４５０万円の収入を得るほうが楽だと考えています。小さいお金では小さな稼ぎしか得られません。

動かすお金に関しては、１００万円単位の人がいれば何億円単位の人もいますが、もし億単位で投資できるポテンシャルがあるなら、そのほうが効率的でスピーディに資産形成できるはずです。１０００万円の物件なら10棟買わないといけません。

私が利回り至上主義に対して危険性を感じるのは、「利回りは満室想定であり、空室率が高かったら実際の収入は大きく下がるから」です。平均的な利回りでなくとも、稼働率が高ければ収入は安定しますし、売りやすいです。

くわえて、そこまで利回りが高い物件というのはやはり「訳あり物件」が多いのと、不動産業者も利回り利回りと言われまくっていると嫌気がさしてしまいます。

いずれにせよ、指標や数字に対して自分なりの考え方を持っておかないと、振り回されるばかりで結果は出ないと思います。ぜひ、人の意見を鵜呑みにするだけでなく、自分で考えるようにしましょう！

不動産投資の実績

序章を読んでいただくと順調に不動産投資をしてきたように見えますが、失敗しそうになった経験もあります。実は私はスルガ銀行から融資を受けられなかったことがあります。

２０１８年に発覚したスルガ銀行不正融資問題では、金融資産のエビデンス改ざんをはじめ、不正の手口が明らかにされましたが、さすがにあからさまな不正はスルガ銀行側も問題視していたようです。

当時、金銭消費貸借契約（不動産を購入するための融資契約）まで終わっていた状況で急に調査が入り、不動産業者が勝手にやった資産のエビデンス改ざんが発覚し、キャンセルになりました。まさに買う寸前だったのでラッキーだったといえます。

購入しようと思っていたのは、１億３０００万円、重鉄、リフォーム前で利回り15％（リフォームの見積り込みで13％）で、リフォーム資金も含めて全額融資を引こうとしていました。

今振り返っても魅力的な物件でしたが、スルガ銀行で不正融資を受けるのは、自身もその不正に加担することです。

今でこそ「手を染めてはいけない不正融資」と理解できますが、当時は業者がやっていた書類の改ざんをよく理解していなかったので、結果的に買えなくて幸いだったと胸をなでおろしています。

こうしてスルガ銀行から断られてしまったので、そこの業者は別のアパートを紹介してくれました。

４４００万円、利回り12％の木造アパートで購入検討をしたのですが、たまたま私が営業回りをしていたときに、担当先のドクターにクリニックの土地と建物を貸していた大家さんと知り合いました。その人は30代半ばで、ドクターは60歳を過ぎています。

その年齢差を知って、「なんだ？　この構図は！」と驚きました。普通ですと70歳くらいの地主さんが、若い人に物件を貸しているイメージだったのに、その逆で若い人が年上の人に貸しているわけです。

これに強い好奇心を持った私は、そのオーナーへアポを取って、いろいろ教えてもらいに行きました。

その方は親切で、私が「この物件（前述の４４００万円の木造アパート）を買おうとしているんです」と相談すると、「ここはやめたほうが良い。近くにヤクザの事務所があるから」とアドバイスしてくれました。それを受けて購入はキャンセルしたのです。

オーナーは資産家の三世で、銀行から融資を受けて購入していました。私にとっては、その人と出会うまでは業者から一方的に情報を得ていただけなので、初めてメンターといえる人に出会えたことになります。

不動産投資を始めてから4年後、ありがたいことに30歳で家賃収入・売電収入が年間５０００万円、年間のキャッシュフローが２５００万円を達成しました。

その後、現在34歳で家賃収入・売電収入が６０００万円を超えており、キャッシュフローも年間３０００万円に上っております。

コラム3
DIYはあえてしない

コラム1で自分の時給をテーマにしました。同じように時給で考えるなら、「DIYをすべきかどうか」も明確になります。

DIYとは「DO IT YOURSELF」の略で「自分自身でやる」という意味がありますが、不動産投資の世界では、プロの業者の力を借りずに、大家さん自らがリフォーム工事を行うことをさします。DIYを趣味として行うなら好きなだけ楽しめば良いでしょう。しかし、自分の時給よりも低いならDIYは生産的ではありません。

慣れないDIYにサラリーマンのせっかくの休みを使って、数カ月かけてリフォームするくらいなら、リフォームは業者に任せて早めに入居者募集を始めたり、次の物件を探すほうが効率的に時間を使えます。自分にしかできない強みを選択したほうが、結果的に収入は上がります。

よく「3万円でDIYしました！」などと武勇伝を披露する人がいます。それも悪くはないのですが、もし相応以上の時間を要していたのなら機会損失でしかありません。DIYをしている間に30万円の家賃ロスをしているなら、15万円で業者に発注したほうが投資的には圧倒的に正解です。

私自身、ＤＩＹを経験したことがありますが、ＤＩＹに対しては消極派です。和室を洋室に変えたとき、自分としてはうまくできたつもりだったのですが、細かい部分のクオリティが低くなってしまいました。あるときリフォーム業者さんと話していたら「もし入居者に何かあったときに責任取れるんですか？」と言われ、考えさせられた経験があります。

当たり前ですが、「家」は住まいです。場合によっては入居者の命にかかわるものなので、シロウトがむやみやたらと手を出してはいけないと思ったのです。

特にサラリーマンとして長く働いていると、「自分の手を動かすほど対価が高くなる」と勘違いしがちです。あるいは日常生活の延長線上で考えると「数千円のコストを浮かせた」ことを誇らしげに考えてしまいます。

しかしビジネスや投資の世界では、自分の手を動かすこと、わずかなコストを削減することは成功に直結しません。

むしろ非生産的だったり、予期せぬリスクを抱えてしまったりする可能性があります。そういった意味でよっぽどのことがない限り、現在ではＤＩＹをやっていません。

第５章

物販

物販の概要

物販はメルカリ、ヤフーオークション、ラクマなどの誰でも使えるプラットフォームや、少し参入障壁の高いアマゾン、ヤフーショッピング、楽天、eBayなどのプラットフォームを利用して出品、販売を行って利益を得ます。難しいと敬遠される人も多いですが、商売の基本である「安く買って、高く売る」を突き詰めたビジネスです。

物販の特徴は、「少ない資本で始められる」ことです。極端な話、0円で仕入れたものを販売するケースもあります。

0円で仕入れられるものの代表的なのが、アマゾンのレビュー転売です。中国の販売主の「レビューを書いてほしい」という要望があり、レビューを書くと買った分の商品の代金が返金されるシステムです。現在のアマゾンの規約だと違反ですが、レビューを書くだけで月10万円ほど稼げたこともありました。

物販も同じく手法が多く、どれが良い悪いということではなく、それぞれが成功できる手法です。

また「せどり」といって、商品を店舗から買ってアマゾンに売る方法（ブックオフで100円の本を買ってアマゾンで売るなど）、楽天やヤフーショッピングなどから買ってアマゾンに売る方法、アマゾンから買った商品をアマゾンで売る方法など、さまざまなやり方があります。私の知り合いには、中古DVDを買って販売して、月に100万円以上稼いでいる人もいます。

さらに「せどり」から派生していくと、メーカーから直接仕入れる方法もあります。メーカーから問屋価格で卸させてもらい、プラットフォームで売るのです。

世界に目を向ければ、中国から仕入れて売る「OEM」という手法もありますし、逆に輸出する方法もあります。

クラウドファンディングで支援金を集め、その後一般販売するやり方もありますし、規模を大きくしたければメーカーから仕入れたものを自社で独占販売権を取って、ロフトやドンキホーテなどに卸すこともできます。

自分に合った物販のやり方ができるのも物販のおもしろいところだと思っています。

物販のメリット

通常、自分でお店をゼロから開業するとなると、１０００万円以上の膨大なお金がかかります。

セブンイレブンなど今あるフランチャイズであれば、開業資金はそこまで必要ではありませんし、商品を新たに開発する必要もありません。しかし、こういったフランチャイズビジネスは胴元が稼ぐ仕組みなので、やって損をしている人が多数いらっしゃいます。

物販の場合、「在庫を抱えるリスクがある」と考える人もいますが、ツールを使ったり仕組み化することにより、無在庫でリスクを低くして運営も可能です。

何より、物販は「安く買って高く売る」という商売の基本ともいえるビジネスです。私はこの「Simple is the best」が大好きです。

安く買う方法にはいろいろな裏技があり、私はこれまで１５００人以上に教えています。

そして物販をしていると、日常生活でも安く買う方法がわかります。これは非常にメリットです。

たとえば、アマゾンが一番安いサイトだと考えている人は多くいます。しかし商品によっては価格ドットコム、楽天、ヤフーショッピング、実店舗のほうが安いです。

こうした初歩的な事実を知らないと、自分が気に入っている（あるいは安いと思っている）特定のサイトばかり使用し、他のサイトの価格を調べようとはしません。そのギャップを狙うのが物販です。

アマゾンを使っている人は多いのですが、実はアマゾンの売上げは、アマゾン本体が半分で、もう半分はアマゾン以外なのです。つまり、アマゾンのプラットフォームを使い稼いでいる人が半分もいるということです。

繰り返しになりますが、物販では「いかに安く買えるか」ということが非常に重要で、安く買うための方法をどれだけ知っているかも成否を左右します。

それゆえに物販は情報合戦の側面もあります。人気があって品切れ状態が続いている商品を私がなぜ買えているのかといえば、情報合戦に勝っているからです。私のコンサル生には、ゲーム機だけで、４カ月で２５０万円も稼いだ生徒がいます。

たとえば、どこの店舗で在庫が回復したという情報をSNSなどで集めています。情報収集力や情報の検索力については、物販を続けていると自然に上がります。なおかつ、一般の人よりも安く買う手法を知っているから大きく利益を出すことができます。

例を出すと、自分が欲しいものがどこにも売っていないとき、売っているところを検索する方法があります。これは「リアルタイム検索」というアプリを使うと早く見つかりますので、ぜひ一度使ってみてください。

ダイソンの空気清浄機の場合なら、アマゾンだと4万3０００円で売られていますが、ヤフーショッピングなどで3万4８００円で出ていた時がありました。ここにクーポンを絡めて安く購入したり、ポイントを20%付けてもらって、トータルで安く購入することが可能です。

その結果、アマゾンで一個7０００円の利益を出すことができました。20台売ったので、これだけで14万円の利益です。

一方で、6万6０００円で売っているサイトもあります。その時は手動で見つけましたが、ツールを使えば、最安値や値段の推移がすぐにわかります。

こうした推移のデータを見ていると、どの値段で買えばいいのかもめどが立ちます。

さらにツールを使えば、「４万４０００円で買っている人の在庫数が６個、４万５０００円で売っている人が30個」という具合に在庫数を見ることも可能です（グーグルの拡張機能を使います）。

アマゾンだけでなく、楽天やヤフーショッピングなどのプラットフォームでもツールは活用できます。

・利益が出るまでの時間が短い

物販は、利益を出すまでの時間が短いのが特徴です。

たとえば希少品のゲーム機の場合、「仕入れたらメルカリやラクマ・ヤフオクで高く出しているんでしょう？」と思う人がいますが、実は違います。

フリマアプリで販売している人は私たちからしたら、シロウトです。私たちは簡単に即金できる、買取屋で売って、その日のうちに現金化したり、フリマアプリよりも高くて売れるアマゾンで販売したり、時によっては海外で販売することもあります。

また、物販でいえばクリスマスシーズンは非常にたくさん売ることができます。

２０２０年12月、私は２７００万円売っていて、利益率は15％、つまり４０５万円の利益が出ています。

この1カ月で使った時間は200時間ほど。仕入れとリサーチで時間を使っています。リサーチは慣れてくると、2～3分に1個は利益が出る商品を見つけられるようになります。

・空き時間に自由にできる

物販は手間がかかりそうなイメージもありますが、1日どれだけの時間を物販の作業にあてなければいけないというめどはありません。物販はある程度仕入れる日が決まっていて、その日以外はリサーチをしない日も結構あります。だからこそ、サラリーマンでもやりやすいのです。

たとえば楽天から仕入れる場合なら、1と5と0がつく日と決まっています。月20万円程度稼ぎたいのなら、1日1時間程度を月に4～5日かけるというイメージです。

また、物販は自分が好きなときにできるのもメリットです。店舗では10時から20時ぐらいまでしか動けないですが、ネットで仕入れるなら24時間注文できます。この点も幅広い層に人気がある理由の一つといえます。

・納品代行の仕組みがある

物販では、納品代行（仕入れた商品を自宅ではなく、外注先に送り、そのまま指定の送付先に納品してもらうこと）も可能です。他人に任せるから手数料はかかりますが、この仕組みを利用することで手間を大幅に削減できます。これにより自宅に荷物が届くことを避けたり、自分の手間を減らせます。

アマゾンには「ＦＢＡ」の制度があり、これは「仕入れたものをアマゾンの倉庫に送り、お客さんから注文があったらアマゾンが梱包・発送してくれる」という仕組みです。ですから仕入れた商品をアマゾンにさえ置いておけば、在庫の管理から配送・集金・顧客対応まで自動的に向こうのスタッフが対応してくれます。

たとえば、在庫が3個しかないのに間違えて5個も注文を受けてしまうトラブルも、アマゾンが管理しているので起こることはありません。

注文が入ったら、アマゾン倉庫のスタッフが梱包～発送して、翌日にはお客さんの元に商品が届きます。

このＦＢＡがあるから、私たちは1日に50個でも１００個でも商品を売ることができます。反してメルカリは自分で梱包・発送しなければなりませんし、お客さんに届いたかどうかの確認も必要です。価格交渉をされることも多々あります。

アマゾン販売の場合、自分が売りたい価格で出して、売れたら自動的にアマゾンが配達してくれます。

お客さんからクレームが来たとしても、それはアマゾンに連絡が行きます。そういう意味で時間がない人やサラリーマン、主婦でも稼ぎやすいといえます。

・稼いでいる人が多い

また、物販のメリットとして「成功している人が多い」という点も見逃せません。

私がコンサルしている生徒さんでも、1カ月で40万円、50万円の利益を出している人が何人もいます。

一般的なビジネスだと立ち上げるのに時間がかかり、開業に資金が必要なのですが、物販はアマゾンという巨大なプラットフォームを使えるため、短期間で利益が出せますし、自分がやった分だけ稼げるようになります。

不動産投資の場合だと、やはり500万円程度の自己資金はあったほうが良いのですが、物販であれば自己資金がゼロからでも始められます（クレジットカードの枠を使って、仕入れることができるため）。

私のところへ来た時は自己資金が５万円しかなかった生徒さんも、３カ月後には月に20万円以上もサラリーマンの収入とは別で稼がれています。その人は２０２０年12月に１００万円以上の利益を出されました。副業として物販を行っている人の年齢層は、20代から50代と幅広いです。

最近は大学生も増えています。コロナウイルスの影響で学校が休みになり、バイトも行けない状況なので、お金を稼ぐために物販をやっているのでしょう。

・クレジットカードとパソコンがあればできる

物販で必要なのは、クレジットカードとパソコンとやる気くらいです。クレジットカードが利用停止の状態だったり、極端に利用限度額が低くなければ、誰でも始めることができます。

どれくらい買うのか決める際には、「予算」ではなく「１カ月以内に売り切れる個数を買う」を基準にします。

その理由は、クレジットカードの支払い日までにお金を得る必要があるからです。たとえば私が利用しているＶＩＳＡカードなら、15日締め、翌月の10日に引き落としが来ます。そのため、それまでに売り切ってお金を回収しておく必要があります。

逆に資金がある人はメーカーから直接大きく仕入れて、半年くらいかけて売っていく方法もあります。私もメーカーから直接仕入れた品をコンスタントに売り続けて利益を出しています。

また、パソコンはアマゾンで物販をするのであれば必須ですが、安いものなら1万5000円程度で十分なスペックのパソコンが買えます。

おすすめは「レッツノート」です。ヤフーショッピングで中古なら、Core i5、320GBのレッツノートが1万3800円です（2020年12月上旬時点）。新品だと15万円以上しますが、中古であれば10分の1の値段で買えるのです。

私が働いていた武田薬品もそうですが、一部の企業ではレッツノートを全社員分購入、もしくはレンタルします。

新しい機種に交換するときも一斉に行うので、そのときに中古市場で数多く出品されるのです。中古の型落ちであってもスペックが良いので、物販を行ううえではまったく支障ありません。

・ポイントがザクザク貯まる

物販で人よりも安く買うコツはいくつかあります。「ポイントを含めて利益を取る」

というのが、ここでの正しい戦略になります。高いポイントサイトだと「３％、10％ポイントバック」を受け取ることができます。莫大なお金を手にすることはできませんが、小さな努力を重ねることで、それなりの金額を得られます。

特に楽天はポイントを貯めやすく、ポイントが使えるシーンはかなり広いです。楽天ポイントはスイカやエディにチャージすることもできますし、マイルも貯まります。

私自身だと、楽天ポイントが月に20万ポイント入ってきます。マイルも現在２００万マイル以上所有しています。私が教えている生徒さんの中にも、月20万ポイント以上もの楽天ポイントを稼いでいる人も多くいます。

楽天の場合、「最大44倍」までポイントが付くことがあります。つまり、１万円の商品なら実質44％オフの５６００円で買えるのです。そして、その商品がアマゾンで１万円で売っていたとしたら、手数料を差し引いても差額で利益を出すことができます。

ちなみに、楽天ポイントを現金化する方法もあります。楽天では図書カードやギフト券などの金券が販売されています。これをポイントで購入し、その金券を金券ショップへ売りに出すことで現金化ができます。しかも金券を購入するときもポイントが付与されるので、メリットは大きいです（ポイント還元率は悪くなります）。

このように物販で仕入れをしているとポイントはあっという間に貯まります。私が教えている生徒さんのほとんどは毎月10～20万ポイントほど貯めています。くわえて、貯まったポイントで株式投資を行うこともできます（173ページ参照）。

他にもクーポンを使って販売価格を値引きしたり、店舗であれば株主優待を使って安く買ったりなどです。

また、最近では「Pay系」も狙い目です。2020年12月も「PayPayだと20％還元」「au Payだと20％還元」などのキャンペーンが行われていました。

これらを積極的に活用し、どんどん安くして買っていく。これが物販の一番おもしろいところであり、頭を使うところです。しかも普段の買い物でも使える知識やノウハウなので、かなり汎用性が広いといえます。

他にも、現金利益が出る商品をポイントで仕入れることができれば、ポイント以上の利益を得ることも可能です。

このように物販をしている人は、「楽天が安いのか」「ヤフーショッピングが安いのか」を調べながら商品をセレクトしています。

物販を通して得られる知識やノウハウは、自分が欲しいものを買うときにも役立ちます。生涯を通して計算すれば、おそらく１０００万円は得をするのではないかと私は考えています。

・即金性が高い

物販のメリットとして、「即金性が高い」点もあります。

仕入れた商品はアマゾンに入れ、「カート価格」といって一番安い価格に合わせておくと、どんどん売れていきます。以前、ダイソンの掃除機を１日で15台も売ったことがあります。１個につき利益が８０００円なので、１日で12万円の利益です。

・収益率が高い

物販は即金性だけでなく、利回りも高いです。月利10％、15％で回せるので、クレジットカードで１００万円の枠を使えれば、翌月には１１５万円になります。さらにその翌月は１３０万円になっていきます。

物販はトレンドを見極めることができれば大きく稼ぐことも可能です。イワタニのガスコンロが九州の被災によって値段上がっていたのを知った知り合いは急いで買いに行きました。結果として２カ月で50万円近くガスコンロだけで稼いでいます。「そんなに稼げるの？」と驚く人も多いでしょうが、これくらいの稼ぎでしたらまったく珍しくありません。

不動産だとキャッシュフローを貯めていくわけですが、なかなか増えません。しかし物販は毎月結果を出して、毎月お金をどんどん増やしていくことができるのです。

クレジットカードがあれば
手軽に始められる物販
多くの人が
実践されています

物販のデメリット

・自分で動く必要がある

物販のデメリットは自分が動く必要があること、そして稼ぐための手法を学ばないといけないことです。やはり独学だと仕入れに失敗してしまい、赤字になっている人は多いような気がします。

また、売れなかったときには在庫を抱えるリスクがあります。

ただ、赤字で売ることもゼロではありませんが、基本的には売れるものを仕入れているので売れないということがないため、トータルで利益を出すことができます。

物販で失敗した人の話を聞くこともありますが、大半は独学でやり、ロジックを学んでいないからです。物販は店舗代もかからず誰でもできる気軽さがありますが、データを正しく分析する力などがないと失敗する確率が上がります。

たとえば、月に10個しか売れていない商品を１００個も仕入れたら、売れるまで時間がかかり、資金を回収するのも時間がかかってしまいます。このように全く売れていない商品を仕入れてしまうと失敗します。また、安く買うことができていなければ、そもそも利益が出にくいです。

５０００円で仕入れて６０００円で売ろうとしても、他の人が４０００円で仕入れていたら、値下げされたときに自分は利益が出せません。安く買う努力が必要だからこそ、物販はおもしろいと私は思っています。

・覚えることが多くリサーチが必須

物販の場合、利益が出る商品のパターンは２パターンです。定価よりも安い商品を、それよりも安く仕入れて販売する方法です。

もう一つは値段が上がっている商品を定価で買って利益を出す方法です。ただ、どのようなパターンが利益を出しやすいのか覚えなくてはならないこともあります。たとえば、メーカーごとに利益を取れるかどうかを把握しておく必要があります。

また、リサーチに時間がかかるのもデメリットです。私は利益が取れる商品を効率良く探したり、ヤフーや楽天などから情報を引っ張るツールを使います。

物販で稼いでいくうえで、壁がいくつかあります。たとえば、私の生徒さんで「売れるかどうかわからないから」と仕入れを怖がる人もいます。

また、「クレジットカードの枠が少ないので、現実的に仕入れができない」という人もいます。

他にも、私は「最初は商品を自分のところに置いて納品の作業を自分でやってみてください」とアドバイスしているのですが、家に荷物がたくさん届いたことで、家族から文句を言われた人もいます。

ただ、その悩みを取り払ってあげると、自然と仕入れ量も増えていき、売上げが上がり、結果として利益が自分の元に増えている状況になっております。

ちなみに、私はお金をかけてツールを導入しています。

たとえばコジマのPayPayモールの中で人気商品、利益商品をフィルターにかけて探せるのですが、絞り込み検索をすると利益が取れる商品が一覧で表示されます。

値段が上がっていたのがanelloで、アマゾンの販売価格が４９５０円なのに対し、２１８０円＋送料５５０円で購入できます。単純計算でいうと、この差額が利益になるのです。

ＪＡＮコードとＡＳＩＮというものがあり、ＪＡＮコードは49からの番号で、そこに代わるものがＡＳＩＮです。ＡＳＩＮを取って、無料のツールのデルタトレーサー

（どのくらい売れてるのかを見るツール）を見ると、「ホーム＆キッチン」で１１０位くらい。かなり売れていることがわかります。

そして波形がランキングを示していて、１時間おきに更新されます。これが下にいくと、ランキングが上がったことになり、ジグザグしていれば売れている現状がわかります。このように、一見すれば売れてなさそうな商品でも、実は相当に売れていることがわかるのです。

・値下がりリスクがある

物販は売れている商品を「いくらで仕入れたら利益がいくら出る」という出口が見えた状態で仕入れることができ、基本的には負けにくい戦いです。すべてがデータとなって表れているため把握しやすいのです。

負けるパターンがあるとすれば、仕入れた商品の値下がりリスクです。出品者が増えれば価格競争し始めるので、値段が下がっていきます。この場合は赤字で売り切るか、値段が戻るまで待つかになります。ここもデータから、いくらまで下がりそうという予想をすることも可能です。

ただすべての事業に共通するのですが、重要なのは「トータルで儲かるか」ということです。不動産も１００物件買って１つ失敗しても、残りの99物件で利益が取れればトータルで利益は得られます。

物販も同じで、１００個仕入れて１～２個を赤字で売り切ったとしても、全体でプラスであれば良いのです。この考え方ができないと、過度に失敗を恐れることになってしまいます。

ですから仕入れと売る回数をどんどん増やすことにより全体の母数が増えるので、値下がりによるダメージは少なくなります。取引量を増やすことは大切です。

前の章で「突き抜けろ！」という話をしましたが、まさにここでも大切になる考え方です。怖がって１～２個しか扱わないと、たとえ１万円の利益が出る商品でも１～２万円しか稼げません。

しかし３０００円の利益が出る商品でも１００個仕入れたら30万円になります。この考え方ができるか否かが物販での成功のカギを握ります。

仕入れができない人に話を聞いていると、「何個売れるかわからないから怖い」と言います。繰り返しになりますが、「月に何個売れている」というデータを見たうえで仕入れるので、基本的には負けることはないのです。

物販が向いている人

物販も不動産投資と同様で、すべての人にしてほしいのですが、特に向いている人のタイプを挙げるとしたら、まずは「自己資金が少ない人」です。不動産投資のように数百万円の自己資金がなくても始めることができます。

また、「生活コストをより下げたい」という人にも向いています。物販をするようになると、アマゾンよりも30、40％安く買う方法を知ることができるので、普段の買い物でもノウハウをたくさん生かせます。

たとえばヤフーショッピングでは、ＴポイントやPayPayで還元されますが、Ｔポイントを１・５倍にする方法もあります。それはウエルシア薬局で毎月20日に開催される「お客様感謝デー‼」で買い物をすることです。１万ポイントある場合、１万５０００円分を購入できるため、実質的には「33％オフ」で買えます。

物販も、裏側を知ると物を安く買う方法がわかるようになります。１～２％安くは当たり前で、PayPayなどのQR決済やクーポン、金券ショップで売っている株主優待券を利用すれば10～20％オフで買い物ができます。

　知らない人も多かったのですが、「webマネー」というプリペイドカードを使えば、すべての買い物が15～20％オフになりました（現在は使えなくなっています）。さらにポイントサイトを駆使すると、なんと30％オフになります。まさに現代の錬金術です。

たとえば、ポイントサイト「ハピタス」を使うと1％オフになり、前述したように楽天の『楽天買い回り』というイベントでは最大44％オフになり、さらには店舗によって10～15％オフのクーポンが発行されます（楽天24など）。

　このようにいくつかの知識を持っているだけでも、信じられないほど安く物を買うことができるのです。

　他にも物販が向いている人の特徴を挙げるならば、マメな人、そして決断ができる人、数字分析が得意な人でしょう。買うものについては、自分で見つけるのはもちろん、私が教えることもあります。

　物販で扱う商品はすべてロジックで考えられます。「月に○個売れているものがあるから自分は○個仕入れよう」というシンプルな考え方で決めています。

物販の実績

私が物販を始めたのは、3年前です。興味を持ったきっかけは前述したように、資産運用のためでした。物販は資金の少ない人は行動することで、低単価の物をたくさん売って利益を上げることができます。

一方資金があり、私のように資産運用で考えている人は卸から大量に買い、1000万円を半年や1年かけて1200万円にするという手段を取っています。

売上分析

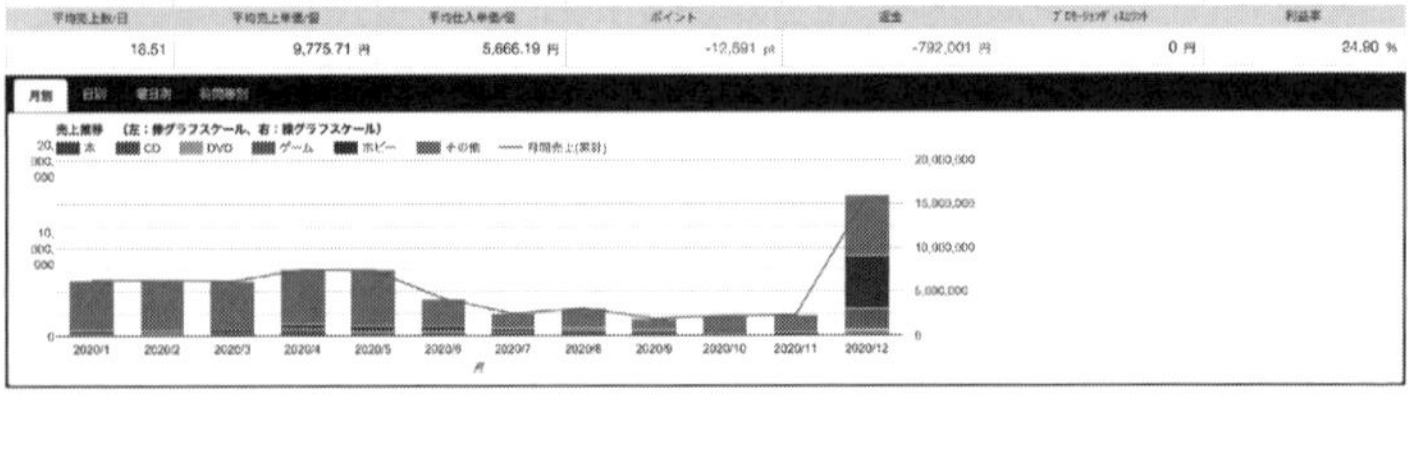

第6章

FX

ＦＸの概要

ＦＸは大きく勝てる可能性がある一方で、勝っている人が少ない副業の一つです。安定して勝ち続けている人は全体の３％程度といわれています。

つまり、97％は負けていることになります。だからこそＦＸの退場者は多いですし、「ＦＸは損をするものだ」と思っている人がほとんどなのです。

しかし、情報を得て実践して勝ちパターンを学べば、負ける確率を減らすことはできます。

また個人的には、ＦＸは投資ではなく、資産運用の一環でしたほうが良いと考えていますし、実際に私は資産運用の一環でやっています。

先日、アメリカドルが１０７円から１０４円まで急落したことがありましたが、私は長期的には上がるだろうと判断して、実質レバレッジ20倍で２０００万円分を購入しました。購入後すぐに上がったので、売却して20万円ほど稼ぎました。

このように資金に余裕があって、レバレッジを効かせて勝負をしたい人にはＦＸは向いているといえます。

ＦＸにも手法が複数あります。私が行っているのは、「裁量トレード」「自動売買」「ＭＡＭ」の３種類です。

・裁量トレード

「裁量トレード」とは、売買をすべて手動で行う最もスタンダードなＦＸ手法です。

人はどうしても感情に振り回されてしまう生き物なので、値段が下がったら買いたくなりますし、その逆で値段が上がったら売りで入りたくなってしまいます。そのため、裁量トレードの難易度は高く、前述したように97％は失敗してしまうのです。

特に初心者はマイナスになったときに損切りができず、最後まで持ち続けて負けてしまいます。不動産投資の部分でも書きましたが、損切りできない人は最終的に大損してしまうことが多いです。

くわえて少額で始める人が多いのも、失敗の理由になっています。これはＦＸのメリットでもありますが、相場の急激な変動があったときに資金が少ないと、ロスカット（損益がある一定レベルに達したときに、さらなる損失の拡大を未然に防ぐために、その対象ポジションを強制的に決済する制度のこと）になるケースがよくあります。

そのため、ある程度は資金に余裕を持ったうえで、数カ月から半年の期間で投資するのがおすすめです。ちなみに私が現在、FXで運用しているのは500~800万円ほどです。この金額なら追加投資ができるので、大きなリスクを負っていません。また、心にも余裕が生まれます。

・自動売買（EA）

自動売買（「EA」ともいいます）は、市場が開いている土日を除く週5日、24時間、決まったルールに従ってずっと動いてくれるツールです。私は費用をかけて自らのロジックで自動売買のツールを作成してもらいました。

作成した理由は、最良トレードで24時間トレードしていると時間の無駄になってしまうのと、自分の判断だけだとルールを逸脱して負けやすいからです。ただ、私のように独自ツールを作成するのは、一般の人はなかなか難しいでしょうから、自分で吟味して自動売買ツールを購入し、自分で運用することになります。

サラリーマンの副業という意味では、安全運転の自動売買をベースに行い、相場が急変したときに裁量トレードにチャレンジしてみるのが良いのではないでしょうか。

私は仕事をしているとき、寝ているとき、食事をとっているときなど大多数の時間は自動売買に動いてもらい、相場が急変したときに裁量トレードで大きく稼ぎにいくというのが基本戦略です。

自動売買ツールの注意点をいえば、「任せておけば勝手に勝てる」と勘違いをしている人が多くいます。しかし、自動売買ソフトはあくまで「道具」であり、任せきりにして勝てるというものではありません。道具は、使う人の腕によって発揮される能力が大きく変わります。そのため、少なくとも最低限のＦＸの知識は必要です。

たとえば、よく切れる包丁を料理人が使えばおいしい料理ができますが、使い方を間違えれば、人を傷つける道具にもなり得ます。

自動売買ツールもこれと同じで、使う人間がツールの特性「誰がどういう目的でつくって、どういう相場に強いのか」を把握しておきましょう。

なお私のツールはレンジ相場に強い特性があり、初心者の方がなかなかできない損切りを自動でする機能がついています。そのため資金が全額溶けてしまうという最悪の事態を避けることができ、現在４００人以上の方にご利用いただいております。

・MAM

ＦＸで成功するためにはプロトレーダーに運用を任せるのも一手です。「ＭＡＭ」

とは、Multi Account Managerの略でプロに資金を運用してもらう取引方法です。

「ＭＡＭ」の仕組みはシンプルです。たとえば、１００人の投資家がそれぞれ１００万円（計1億円）を特定の証券の中に入れると、「ＭＡＭ口座」といってそこに紐づいている親口座に反映されます。

その1億円をプロトレーダーが運用して増やしていくのが「ＭＡＭ」の仕組みです。私が現在お願いしているプロトレーダーは、1年半で４００％の運用成績を誇ります。

損切りもきちんとしているので、安心して任せることができるため、私は４００万円程度お金を入れており、月平均20～50万円ほど利益を出しています。

ただ、プロでも失敗するのがＦＸや株の世界ですので、１００％信用して、資金を全額入れることのないようにしたほうが良いでしょう。プロトレーダーだから全員安心というわけではないので気をつけください。実際に資金が溶けたこともあります。

ＦＸは自分で勉強しないといけないのですが、このようにプロにお願いできることがメリットといえます。大切なのは、「いかにして信頼できるプロトレーダーを見つけられるか」です。

これは、やはり情報が成否のカギを握るといえます。最新情報については本書の特典（最終ページ）のメルマガ登録した方にお伝えいたします。

ＦＸのメリット

・少額でスタートできる

なんといってもＦＸのメリットは少額からスタートできること。お金を得るためにはある程度まとまった金額で行うことを推奨しますが、１万円などの少額からでも行えます。

ＦＸを行うために必要なものはスマホ一つで、他に特別な道具はいりません。基本的にはＦＸの口座を開くだけで始められるため、不動産投資や株式投資に比べてハードルが低いです。

・24時間トレードできる

ＦＸは、株と違って24時間トレードできることがメリットです。仕事を終えて22時に帰宅したとしても、そこからトレードできます。日本時間の21時半にニューヨークがスタートするので、その時間だけトレードするのも良いでしょう。「スキャルピング」

といって、1分や2分間のトレードだけでも利益を出す方法があります。

ただ、サラリーマンが実践しやすい方法でいうと、おすすめは「デイトレード」や「スイングトレード」です。理由はトレード時間が長く、瞬時の判断が必要なくなるからです。

よく「相場の〝頭〟と〝尻尾《しっぽ》〟はくれてやれ」という言葉があります。仮にドルが100円から110円に上昇したとしても、100円のときにトレードをしている必要はありません。

たとえば102円から105円の間でトレードをして利益を得ていればいいからです。変に頭や尻尾を取ろうとすると、失敗して大ヤケドを負ってしまう可能性もあります。

・わかりやすいインジケーターがある

FXで私が注目しているインジケーターは、「移動平均線」と「平均足」です。移動平均線は代表的なテクニカルチャートのひとつで、価格の傾向や流れなど、相場の方向性を見る手掛かりとなります。

平均足は、赤（上昇）と青（下落）の2つの線で示され、どちらかが2回以上続くとそのまま同じ流れが連続する可能性が高いことを意味しています。

本格的にＦＸに力を入れていたときには、ずっとＰＣに張りついてチャートを見ていたのですが、今は日足（ひあし）、４時間、１時間のチャートを見ることが多いです。そもそも自動売買で回しているので、見張っていなくても勝手にトレードしてもらえるため、株式投資同様、社会情勢の大きな変化があったときに手動で売買しています。

基本的に日本人は「買い一択」が多く、これは負けている人の特徴でもあります。相場は上昇するときはゆっくりですが、下落する時は一気に下がることが多いので、買い一択の人はこの時にやられてしまいます。私は売りも躊躇なく入れています。

・レバレッジがかけられる

ＦＸでは担保として証拠金を使って、お金を借りて取引を行います。その際にレバレッジが「１倍」の場合には、証拠金と同額となりますが、国内のＦＸ運営会社のほとんどが「最大25倍」の設定としているため、10万円の証拠金があれば、２５０万円までの取引が可能です。

レバレッジ25倍で、１ドル＝１００円のタイミングで円でドルを購入し、１１０円になってから売却するケースでたとえると、10万円の証拠金で２万５０００ドルを購入、1ドル＝110円になったときに売却すれば25万円の利益となります（余剰資金を考慮に入れなかった場合）。

さらに海外ＦＸ業者によっては、レバレッジ500倍や1000倍のトレードも可能です。私は短期トレードの場合なら、200倍や500倍でトレードを行うこともあります。

しかし、中長期的なスイングトレードのときは資産運用目的なので、レバレッジ2倍くらいでトレードします。このようにトレード手法に応じて使い分けています。

また、必ずレバレッジをかけなくてはいけないわけでもありません。私の先輩にはレバレッジを一切かけずに成功している人もいます。話を聞いたところ、1ドル80円くらいのときにドルを2000万円分現物で買って、110円になったタイミングで売ったそうです。長期間の現物トレードですが、これで75万円の利益です。

このようにレバレッジをかけないほうが余裕が生まれ、この先輩のように成功できる可能性は高くなります。ただし、レバレッジをかけずに投資として成功するためには、まとまったお金と時間が必要です。

・値が上がっても下がっても利益が出せる

購入した通貨の値が上昇トレンドだけでなく、下降トレンドでも利益を出せます。ＦＸでは、手持ちの資金が通貨の直接の購入費用ではなく「証拠金」となるため、通貨を「売る」「買う」が自由にできます。むしろ、プロの人はこの下がったときに大きく稼いでいる印象が強いです。

・スワップポイントによる利益

売買による利益だけでなく、スワップポイントによる金利の利益を得られます。
スワップポイントとは２つの通貨の金利差のことです。金利の低い国の通貨で金利が高い国の通貨を購入して、持ち続ければスワップポイントが利益として得られます。ただし、金利が高い国の通貨で低い国の通貨を購入した場合には、逆に、スワップポイントを支払うことになります。

私の場合、できればスワップ（金利）はほしいので、スワップが大きい証券会社を使っていますが、最終的にはトレードで利益を出すのが目的としているため、スワップがマイナスになってしまう売りなどを入れて利益を出すケースもあります。あくまでスワップはおまけ程度で考えておきましょう。

ＦＸのデメリット

・レバレッジによる大きな損益の可能性

ＦＸのデメリットとしては、ハイレバレッジができて大きな利益を得られる可能性がある代わりに、損失も大きくなる可能性があります。つまり、ハイリスク・ハイリターンなのです。

また、損益が一定水準以下になった場合には、ＦＸ証券会社が「強制ロスカット」をし、損失を強制的に確定させて決済をするため、元手以上の損失を被ることは通常ありませんが、最悪の場合は元手以上にお金を失ってしまうケースもあります。

・24時間トレードできること

ある程度の金額を動かすようになると気になって見続けてしまうので、普段の生活が疎かになったり、本業に支障をきたしてしまう可能性もあります。私もサラリーマン時代、気になって仕事中でもチェックしていました。

今は自動売買を中心にしているため、ずっと張りついているわけでなく、自動売買の口座で急変が起こったら裁量で動かすイメージです。

一般的には「裁量だけ」、もしくは「自動売買だけ」の人が多いように感じます。しかし、裁量だけだと時間を取られますしリスクが高いです。自動売買だけだと相場が自動売買の苦手な相場になった時に損失を出してしまいます。そういう意味で「自動売買＋裁量」の組み合わせは、かなり合理的な投資スタイルです。

・入れた分のお金がなくなっている人が多い

また、ＦＸのデメリットとして「入れた分のお金がなくなることが多い」といえます。前述したように、資金が少ないなか、一発逆転を狙ってトレードをしている人はほとんどが負けています。

私のように投資として、資産運用として取り組んでいれば避けられますが、ＦＸをしている人の多くは「投資」ではなく「投機」でトレードをしています。

そのため、月利50％という目標を立てる人もいます。それを達成できる可能性もあるのですが、逆にマイナス１００％になる可能性も十分にあり得ます。レバレッジのかけ方が大きいと、吹き飛ぶお金も大きくなるわけです。

FXに向いている人

投資の世界では、「損小利大」という言葉があります。

文字どおり「損を小さく、利益を大きくすることが重要」という意味ですが、これを実現するのはなかなか難しいです。

FXで負ける人の典型的なパターンは、たとえば500円、1000円程度の利益が出たときはすぐに利益確定してしまうのに、マイナス1万円になっても「いずれ戻るだろう」と持ち続けてしまうというものです。

その逆の「損切りできる人」「熱中しすぎない人」はFXに向いているといえます。

ただ現実には、そんなにうまくできるものではないので、安全策としては「外貨預金の積み立て」など少額でリスクを抑えられるものがおすすめです。

「100万円預けて月1万円稼げればいい」という資産運用なので、精神的にも負担になりません。

私自身は、かの有名なウォーレン・バフェットが年利10％を目指していることもありますし、そもそもFXだけで生活する気もないので、自動売買で適切なタイミングで損切りもしつつも、年間トータルで20～30％を目指せれば御の字と考えています。結果的に50％利益が出ている年もあります。

そういう意味で、FXでは心に余裕がないと負けていくような気がします。実際、FXだけで生活していこうと頑張っている人には、精神的にも病んでしまうケースが多いと感じます。中には、「億トレーダー」と呼ばれる人もいますが、本当に極わずかです。

FXの実績

私は20歳のときからＦＸを始めており、途中で失敗をしたこともありますし、投資していなかった時期もありますが、およそ15年の経験があります。

その中で強く感じているのは、「自分のルールに従って投資をするのは本当に難しい」ということです。人間は５００円の利益でも決済してしまうものですし、マイナス１万円になっても耐えてしまうものなのです。つまり、損切りができません。特に、日本人はその傾向が顕著にあります。

繰り返しになりますが、「ＦＸは博打」ではなく、「資産運用」の一つだと考えています。安定期的な資産運用として機能させるには、レバレッジを抑える必要があります。

たとえば、１ドルが90円程度になったときに、レバレッジを２倍にして資金の１割分だけドルを買うイメージです。

これなら、１００円、１１０円になったときに売れば儲けられますし、もし80円に落ちても追加で同じ分を買えばリスクは下げられます。時間はかかりますが手堅い投資法です。

前述したようにサラリーマンの人でFX初心者なら、ドルコスト平均法で毎月1万円でも良いので、積み立てていくのがおすすめです。

私が利用している住信SBIネット銀行だと、月々500円から外貨預金の積み立てが可能です。レバレッジもないですし、リアルタイムで出金することも可能です。

買いたい分だけ買って、売りたいときに売れます。

また、米ドルやユーロ、オーストラリアドルなら、現物で買っておけば、値段が下がったタイミングに、その通貨の国々に旅行したときに使うこともできます。

ちなみに、この原稿を書いているときの米ドルの売買スプレッド（手数料）は0.08円です。銀行で換えると往復で3円くらいかかるので、手数料は圧倒的に安くすみます。

このように大きく稼ぐのは難しいですが安全に資産形成ができるため、初めての人や「円だけで資産を持つことに不安がある」という人にはおすすめです。

コラム4

FXに口座凍結があるってホント?

FXであまりに勝ちすぎると口座が凍結されて、そのFX業者から「出禁」(出入り禁止)になってしまうことを知っていますか?

それというのも国内FX業者のほとんどはノミ行為をやっているからです。「ノミ行為」とは、顧客の注文を実際には取り次がずに業者内で処理をすることをいいます。

違法にならない理由は、国内のFX業者は「DD方式」というシステムで運用されているからです。

わかりやすく説明すると顧客が買いを出して、その注文を業者が売ると利益相反の形で成り立っています。DD方式であれば、業者がレートを思いどおりに設定できますし、注文を受け付けないことだってできるのです。

顧客から仮に100万円の買い注文をもらっても、実際には買わないでホールドしておきます。こうすることで、顧客の予想が外れた分がすべてFX業者の利益になります。

もちろん顧客の予想が当たることもあり、当たった場合は相応の配当を顧客にバックする必要があるわけですが、「FXは97％が負ける世界」なので、こうしたノミ行為が成立してしまうのです。

一方、海外の優良FX業者が採用しているNDD方式は、「ノンディーリングデスク」と呼ばれ、悪意のあるレート操作などが入り込む余地がありません。そのため公正なレートでトレードができるため、多くの投資家から支持を受けています。

そして、FX業者は顧客が勝ち続けると自分たちの利益がなくなるため、顧客を追い出すのです。出金の拒否まではしませんが、トレードができなくなることがあります。早い話、「出禁」になるわけです。

実際、私も大きく勝ち続けたときに、「うちの証券会社でトレードしないでください」と言われたことがあります。

99・9％勝てる自動売買ツールがあり、それを使うと10万円が200万円まで増やせたりします。同じようなツールを使った知り合いは、ほとんどの方が口座凍結されていますが、全員しっかりと利益を出すことができました。

第7章

株式投資

株式投資の概要

株式投資とは企業の発行する株式を売買する投資のことです。売買益と運用益（配当金）の両方が得られます。

その手法はさまざまで、デイトレードから中長期。相場分析方法も国や企業などの経済状態を表す指標を分析する「ファンダメンタルズ」、将来の株価の変化を過去の価格や出来高等の取引実績の時系列パターンから予想・分析する「テクニカル」があります。

私の場合、株式投資は相場が大きく動いたとき、バリュー株（企業の実態価値に比べて現在の株価が割安である株）を見つけたとき、そして株主優待を目的にした投資を主に取引しています。投資額は４００万円ほどです。利用している証券会社はカブドットコムが基本です。

ただ、株式投資にはそこまで力を入れていないので、企業分析に時間を割いているわけではありません。あくまで株も資産運用の一環として取り組んでいます。

参考にしているのは、ｃｉｓ（シス）さんです。株や仮想通貨、先物、オプションなどで230億円を稼いだ投資家で、『一人の力で日経平均を動かせる男の投資哲学』（ＫＡＤＯＫＡＷＡ）という本も出しています。

買う銘柄は、ｃｉｓさんがツイッターで発信する情報や他の人の発言、ニュースなどで相場を見て、自分でチャートを確認してからトレードしています。

また、株・暗号通貨で使える、上昇する前に反応を示すインジケーターの開発をしたため、それを使いトレードをしています。

株で大損する人は一定数いますが、いずれも50万円を1000万円にするといったハイリスク・ハイリターンの投資をしているからでしょう。

これはＦＸの項目でもお話ししましたが、しっかり儲けを出せるのはガツガツ稼ごうとしない人であり、欲に溺れない人です。

株式投資のメリット

・短期間で利益が得られる

株式投資はＦＸと同様、短期間で大きく稼ぐことができる投資です。株のトレードには「デイトレード」「スイングトレード」があります。デイトレードは１日のうちに複数のトレードを行って利益を積み重ねていきます。「スイングトレード」は、数日から数週間で売買します。うまく運用できれば短期間で大きな利益が出ますが、こまめにチャートをチェックする必要があり、サラリーマンには向きません。

・信用取引により、レバレッジをかけることができる

これはＦＸと同じです。現物取引では株式を買う場合に現金が必要ですが、信用取引では現金や株式を担保として証券会社に預けて、証券会社からお金を借りて株式を買ったり、株券を借りてそれを売ったりします。

少ない自己資金でスタートできる反面、ハイレバレッジをかけることでリスクも大

きくなりがちです。初心者は信用取引でなく、現物取引から始めましょう。

・数多くの株があるから、自分の好きな株でトレードできる

他の投資に比べて選択肢がたくさんあります。日本株だけでも「東証一部」「東証二部」「マザーズ」「ジャスダック」の４つの株式市場があります。その他、海外の株を購入することができます。

よくある例としては、自身の本業にかかわりのある業界の株を買う（私自身が自社株を購入することから株式投資をスタートさせています）、また応援したいと思う会社の株を買うといった買い方もあります。

・信用取引を使えば、売りで入ることもできる

一般的な株式投資は買ってスタートしますが、株式投資の場合は「売り」から始めることも可能です。具体的に説明すれば、証券会社から株を借りて売り、その株が値下がりしたところで買い戻して借りた株を返済すれば、差額が利益となるという投資法です。

このような投資法を行う人がいるのは、株価上昇のスピードより、下落スピードの

ほうが速いからです。つまり、市場が上がっていても下がっていても利益が得られるチャンスがあります。

・長期運用ができる

株式投資のメリットは、長期的な運用ができる点が挙げられます。明確な規定はありませんが、数年単位、長ければ10年以上、同一の株式を保有する投資スタイルで、株価が安いタイミングで購入して、企業が成長して株価が上がったタイミングで売却します。

長く保有すれば配当金も入りますし、売却時の取引手数料や税金も、頻繁に売買する短期投資に比べて抑えることもできます。

また、社会情勢を気にかけるようになります。経済ニュースも気になるようになりますし、株を所有している企業の情報もチェックするようになります。こうして経済に強くなることも一つのメリットです。

・少額から積立が長期間できる

株式投資には、定期預金のようにコツコツと積み立てのできる仕組みがあります。

大きなお金ではなくて、月に１万円程度からでもスタートできます。

最近では現金ではなくて、ＤポイントやＴポイントを使った積立投資が行えるサービスも登場しています。その場合は元手となる自己資金は必要ありません。物販やアフィリエイトなど、別の副業で得たポイントを再投資することができます。

私自身は、楽天証券で積立投資をしています。楽天では、月５００円以上ポイントで株を積み立てしていると、楽天市場での買い物のときのポイントの還元率が１％上がります。物販の仕入れもあり、月１００万円ほど楽天で買い物をしているので、1万円分のポイントがプラスになるわけです。

楽天は「楽天経済圏」と呼ばれるように、楽天市場だけでなく、楽天カード・楽天銀行・楽天モバイル・楽天証券・楽天トラベル・楽天ひかり・楽天でんきなど、さまざまなサービスを展開しています。

これらに登録して利用するほど、ポイント還元率が上がります。これは「楽天ＳＰＵ（スーパーポイントアッププログラム）」というサービスで、基本の１倍にくわえて最大16倍までポイント還元率が上がります。

私は毎月14・５倍くらいなので、50万円の買い物をすれば7万２５００円分のポイントが付くことになります。こうして貯めたポイントの一部を株式に回しています。

ポイントで株が積み立てられて、しかも投資したお金は現金で引き出せるのでかなり魅力的です。

・**株主優待が受けられる**

また、株主優待というメリットも活用しています。吉野家・すかいらーく・サンリオ（子どもが好きなため）などの株主優待株を保有しています。

吉野家、サンリオなどは１００株で株主優待がもらえますが、すかいらーくなどは３００株保有していると一番効率よく株主優待をもらえるのため３００株買ったりします（最近改悪あり）。これで年間2万円程度の株主優待が来るのでかなりお得です。

イオンの株も活用できる幅が広いためおすすめです。そして、上がって利益が出るタイミングで売却します。また値段が下がってきたら買うなどのトレードをして、収益を出しつつ、株主優待の恩恵を受けたりしております。

ちなみに優良な株主優待株の場合は、本当に下がったときは「ナンピン買い」していいます。ナンピン買いとは、株価が下落した際に、買付コストの引き下げを目的に、さらに買付することを指します。損を平均することからナンピン（難平）と呼ばれている買い方です。

また、私は妻の口座も運用しているので、自分の口座で買っていても妻の口座で買っていなければ、値段が下がったら妻の口座で買い、平均単価を下げて戻ったときに売る方法もとっています。

売却益・配当金
だけでなく、株主優待も
受けられます

株式投資のデメリット

・ある程度の資金が必要

株式投資のデメリットは、ある程度資金が必要なことです。レバレッジをかけた信用取引はあまりおすすめできないので、現金がなければ分散投資がなかなかできません。

・その会社の内部事情によって、急変することがある

いくら大手の会社であっても、トップのスキャンダルや粉飾決算といったトラブルが起きれば株価は急落します。市況であれば、ある程度想定がつきますが、個々の会社の内部事情となると投資家から予測することは不可能です。

・ツールが少ない

株の購入は主に証券会社から行いますが、購入にあたって便利に使えるツールがあまりありません。私の場合は自分専用のツールを開発して実際に運用していますが、こうしたやり方をする投資家は珍しい存在です。なお、このツールは知り合いが作成したものを私用に改良してもらったもので、現在、何人かで使っています。

・値動きがＦＸに比べると鈍い

ＦＸに比べて値動きが鈍いため、短期投資ではなくて中長期の投資に向いています。これはデメリットとは言い切れませんが、早くお金を得たいと思う人にとってはデメリットになります。ただ、中小企業などは一気に動くこともあります。

中小企業などは３～５倍、良い株は10倍にもなったりするので、大きく資金を増やすことも可能です。

・手数料が高い

ＦＸと似た性質のある株式投資ですが、大きな違いは取引のための手数料が高いことです。頻繁に取引を行うとコストがかかります。

株式投資に向いている人

株式投資に向いているのは、お金と時間に働いてもらいたい人です。そして、初心者におすすめの株戦略は、あまりガツガツ稼ごうとしないことです。そのため前述したように、短期トレードや信用取引はおすすめしていません。

お金は求めれば求めるほど離れていきますので、余裕を持った運用を心がけましょう。

どんな投資でも始めたばかりのころは、勉強をして知識を得る、情報収集をするなど、がむしゃらに動くことも大切です。

しかし、それを永遠に続けるのは不可能なので、ある程度の段階で自分のモチベーションとは関係なく回る仕組みを構築する必要があります。

ちなみに株の情報交換は、スクールを運営している人などに「今、良い銘柄ありますか？」と聞いています。私はこのように人脈を活かして情報収集したうえで、自分で精査し、自分の判断でトレードをしています。

株式投資の実績

私の場合、株の利益は年間１００万円を目安にしています（実際はそこまでガッガットレードしていませんが）。そのため運用している資金も４００万円程度です。

もともと私は株主優待が目的で買っていましたが、ここぞというタイミングではある程度まとめて入金し、勝つとすぐに手を引くスタイルです。株価をチェックするのは週1～2回程度です。

レンジ相場のものを買うことが多く、前職の武田薬品に関してはもともと社員でレンジがわかっているので、割高か割安かは判断できます。

ちなみにレンジ相場とはチャートが一定の価格帯を行き来する相場のことで、「ボックス圏相場」とも呼ばれています。

一定の変動幅のなか、価格の上下が何度も繰り返されます。ボックスの幅のことを「レンジ」ともいうので、レンジ相場と呼ばれています。一般的にはレンジ幅下限が買い、レンジ幅上限で決済。また新規エントリーで売るという売買方法が有効とされています。

先日、経済悪化の影響でその株も下がっているタイミングで、武田薬品の株価が3000円を切りそうになったことがありました。

「これは買いだ！」と興奮し、300万円（1000株）購入しました。実際には3000円を割ったのですが、1カ月くらいして値段が戻った3700円のときに売ったので70万円程度の利益を得ました。

その後、4000円を超える金額まで戻りましたが、「頭と尻尾はくれてやれ！」という考えなので、私はこれで満足しています。

他にも、サラリーマン時代は持ち株制度も活用していました。これはサラリーマンの方におすすめの手法です。本来の私はあまり株に興味がなかったのですが、会社に入ったときに持ち株制度があり、ドルコスト平均法を活かして株を始めました。

「ドルコスト平均法」とは、有名で有効な投資手法です。常に一定の金額で、かつ時間を分散して定期的に買い続けることで、価格が低いときの購入量は多くなり、価格が高いときの購入量は少なくなります。その結果、平均購入単価は低くなります。

新入社員のときは月1～2万円でしたが、しばらくしてからは上限の5万円まで買い続けていました。社員だと6％足されるので、5万円なら5万3000円分買えます。

製薬業界以外にも、シンプルに自分が好きな企業の株も買っていますし、株ではありませんが、純金の積み立ても行っています。

私が使っているのは住信SBIネット銀行の「純金積立」ですが、月々1000円からこつこつ積み立てできるので、「金は値動きが心配……高い……」という人でも気軽に始められます。

近年は金の価格が上昇しており、ドル平均コスト法で購入していた人の多くは利益を得ていました。

ドルコスト平均法は
忙しいサラリーマンにも
向いてますね!!

第８章

アフィリエイト

アフィリエイトの概要

アフィリエイトには「自己アフィリ」「人に買ってもらうアフィリ」「買わないアフィリ」の3種類があります。

・自己アフィリ

自己アフィリとは「A8」や「ハピタス」などのポイントサイトを通じて、クレジットカードをつくったり、FX証券の口座を開設したり、アンケートに答えたり、不動産会社の面談を受けたりなど、さまざまな方法があります。

商品購入などは単体ではそれほど儲からないのですが、物販との相性が良く、たとえば自分が購入する、もしくは販売する商品を買うときに、自分でアフィリエイトリンクを踏んでから商品を購入すると、アフィリエイト報酬が入ってきます。

物販の章で「ポイントがザクザク貯まる」というメリットを紹介しましたが、これはそのまま「自己アフィリ」にあたります。

誰にでもできる簡単なおすすめアフィリエイトをお伝えします。前述したポイントサイト「ハピタス」を使う自己アフィリエイトです。

たとえば、ヤフーショッピングの場合、ハピタスを利用するだけで１％のポイントが付くのでおすすめです。

自分が欲しい商品があったら、ハピタスから購入するページまで飛び、そこから買うだけでも月に何百円が入ってきます。

また、クレジットカードを作ったら１万円分のポイントをもらえたり、エステの体験に行ったりすると数千ポイントがもらえますので、ポイントももらえたうえで、エステ体験もできるため一石二鳥となります。

・人に買ってもらうアフィリエイト

企業がＣＭを打つとき、「買ってくれた人が何人出たら利益が出る」といった費用対効果を必ず考えます。アフィリエイトも同じです。

企業がアフィリエイターにお金を払って宣伝してもらっています。アフィリエイターはＳＮＳやブログなどで商品を宣伝し、そのリンクから買ってもらえればアフィリエイト収入が入ってきます。

しかし、儲からないアフィリエイトをやっている人ほど、この物を買ってもらう方法をしています。

たとえばアマゾンのアフィリエイトで物を買ってもらうアフィリエイトだと、1％しか返ってきません。

ダイソンの5万円の掃除機を売っても、500円しか儲けがないのです。いくらブログやレビューで絶賛してアマゾンのリンクを貼っても、自分がレビューのために商品を買っていたら、100人が買わないと元が取れない計算です。

ここでも物販をしていると得をすることができます。仲間内で利益商品を共有する。そして、その利益商品を紹介した人のアフィリエイトリンクから購入してもらえれば、紹介した人も紹介された人も稼ぐことができます。私たちはそうやって効率良く稼いでいます。

・買わないアフィリエイト（オプトインアフィリ）

買わないアフィリエイトとは「オプトインアフィリ」などのことです。オプトインアフィリを知らない人へ解説すると、誰かの宣伝をして報酬をもらうことです。

たとえば、「メルマガを紹介してくれて、その人が登録してくれたら紹介料として1件につき500円お渡しします」といったものです。私は信用していただいているので、VIP待遇にしてもらうことが多く、1件2000円や3000円もらうことが多いです。

ただし、この場合は発信力が求められます。一般人よりも影響力のあるインフルエンサー向けといえるでしょう。インフルエンサー向けのオプトインアフィリの場合は、有名なアイドルやユーチューバーなら青天井です。

かつて与沢翼さんは、1件につき1500円を支払ってアフィリエイターたちに自分のところへ顧客リストを流させて、1万リストも集めたそうです。単純計算で経費が1500万円ですが、その1万のリスト先の中から1回100万円の高額塾を募集します。

100人が入ればそれだけで1億円の売上げです。広告代の1500万円を引いても8500万円の利益が出ます。この手法で与沢翼さんは当時かなり稼いでいたのです。

それではインフルエンサーでなければ儲からないのでしょうか？

いいえ、そんなこともありません。

単価が高いのと、メールアドレス登録などの障壁が少ないため、自分のファンを少人数でも作ることができれば、月に数万円〜数十万円くらいなら稼げます。

オプトインアフィリを広くとらえると、転職サイト、脱毛サロンなどがあります。アフィリエイトでは月5000円稼げるかが一つの目標とされていますが、5000円しか稼げないのならやる価値はありません。仮に10時間かけて5000円なら時給500円です。それならコンビニでアルバイトしたほうがはるかに安定して稼げます。

しかし、このアフィリエイトの良いところは単価が高いので、一気に稼ぐことが可能なのです。

私の知り合いで転職サイトなどで大きく稼いでいる人もいます。転職サイトは登録してもらうだけで、1件数千円、高ければ2万円もの儲けが出ます。

報酬単位が高く商業レベルに向いているのは、転職サイト・クレジットカード・FX・証券会社などのアフィリエイトです。ただライバルは多いので、SEO対策をしなければなりません。

転職サイトのアフィリエイトで稼ぐのは、初心者には難しいかもしれません。しかし、しっかりとやれば大きく稼いでいる人も多い分野です。

リクルート系の転職サイトのアフィリエイトリンクを発行・拡散し、その転職サイトで登録した人が出たら、１件につき３０００円というものもあります。

特に薬剤師や看護師などの特殊な技能や資格を持った人だと単価が高く、１件につき2万円の報酬が得られることもあります。


よく「クレジットカードを比較してみました」というサイトもありますが、あれも同じ仕組みです。１位にアメックスが来ることも多いですが、これはアメックスだと紹介ポイントもしくは報酬がたくさん入るからです。

旅行系の場合なら、たとえば主婦が子連れのハワイ旅行に関するブログを書いたり、まとめサイトをつくり、そこにハワイの旅行プランのリンクを貼る、というイメージです。

ただ、そこからアフィリエイト収入を得るには、コンテンツとしての価値が高くなくてはなりません。

自分で書くなら文章力が必要ですし、誰かに頼むならお金もかかります。それでも、うまくいけば年に何百万円、何千万円も稼いでいる人たちがいる世界です。

他にも、ダイエットサプリの紹介は1件2000円くらい得られます。

ちなみに私の知り合いに、アフィリエイトで月500万円も稼いでいる大学生4人組がいます。見た目は平凡な学生ですが、突き抜けた目標を掲げていれば年収1000万円以上を稼げるのです。

また、旅行サイトを立ち上げている知人は年間6000～7000万円ほど、何もしなくても入ってくる仕組みを構築しています。

アフィリエイトのメリット

・誰でも元手なしでできる

大きな特徴として、特別なスキルや資格が必要ないことです。スマホだけあれば、1円の元手もなくても始められるので、参入ハードルは非常に低いといえます。しいて言えば文章力のあるほうが有利に働きます。ですが、こちらはそれほど重要ではありません。

楽天のアフィリエイトだと、商品が魅力あれば買ってもらえるので、自分で一から文章を書かなくてもリサーチだけでうまくいく可能性もあります。

中には、ブログやSNS、自分で作ったLINEのオープンチャットにアフィリリンクを貼ることもできます。

・外注化ができる

他人やプロにサイトを作ってもらうこともできますし、文章力に自信がないなら執筆も外注できます。外注コストは、サイト制作の依頼でもクラウドワークスで探せば、ライティングを含めて3～5万円です。クラウドワークスやランサーズといった外注サイトをうまく使うことで、時間効率が図れたりしますので、使えるようになるといいと思います。

・ポイント還元やギフト券で稼げる

アフィリエイトといっても種類はさまざまで、「飲食店を紹介してくれたら1000円の商品券」「不動産会社と面談したら3万円分のアマゾンギフト券」といったものもあります。

また、「飲食店の予約をしたら50％返ってくる覆面調査」という場合、たとえば10人の飲み会を開催して4万円の食事だったら2万円は自分に返ってくるわけです。

つまり、自分がもし主催者の飲み会を開催したら、割り勘で参加者からお金をもらい、自分は全員分まとめてクレジットで支払うことでクレジットカードのポイントも貯められるのです。こうしたことでちょっとしたお小遣い稼ぎをされている人もいるようです。

また、以前は「ぐるなび」という飲食予約サイトがありましたが「予約するとアメックスポイント」をもらうことができました。

ぐるなびで飲食店を予約すると、１人につき２００ポイントのアメックスポイントがもらえたのです。アメックスのポイントをマイルにも換えられるので、たとえば10人の飲み会だったら２０００アメックスポイントを取得できます。

さらにアメックスポイントは１マイルに換えられるので、２０００マイルを手に入れられます。極端な話、１００人規模の飲み会を開催したら「２００×１００＝２万マイル」貯まることになります。これは沖縄１回往復分の航空マイル数です。

このように、世の中にはお得なことや稼げる情報が常にありますので、ぜひ調べて実践してみてください。

アフィリエイトは
資金がなくても大きく
稼げるチャンスがあります

アフィリエイトのデメリット

・ライバルが多く労力がかかり、儲かっていない人が多い

アフィリエイトのデメリットは、リスクがない代わりに労力がかかること。ある程度までコツコツと続けなくてはならず、稼ぐのに時間がかかります。

参入障壁が低いのでライバルも多いです。そして、実際に稼げていない人が圧倒的に多数……つまり成功している人はとても少ない副業なのです。

理由は、「儲け方を知らない」からです。たとえば、単価の低い商品を扱っていると、いつまで経ってもアフィリエイト収入は伸びません。極端な話、100円の利益を100個やって1万円稼ぐよりも、1万円の単価を1個取るほうが圧倒的に楽しいです。

また、「はてなブログ」や「アメブロ」などの無料ブログサイトでアフィリエイトをしている人たちも稼げていないケースが多いです。

今の時代、誰でも簡単に書けるブログに投稿しても、アクセスは集まりません。

やはり自分でサイトをつくって運用している人、ＳＥＯ対策を万全に講じている人が稼げている印象があります。そういう意味でも勉強は必須といえるでしょう。

・見る人からしたらアフィリエイトだと気づかれる可能性がある

アフィリエイトでは、通常のリンクとは別のアフィリエイトリンクになります。アマゾンだと「http://amzn」から始まり、楽天だと「a.r」が入っているとアフィリエイトリンクです。

場合によっては「この人アフィリエイトやってるんだ」と思われ、ネガティブな印象を持たれる可能性もあります。

しかし、普段からおいしいレストランがあったとしたら、その店を人に紹介することがあります。それがヤフーやグーグルで広告している店であれば、広告費がかかっているわけです。

代わりに私たちが広告をしているわけですから、報酬を得るのは悪いことでもなんでもありません。相手が得する情報なら逆に感謝されることも多いです。

・ノウハウを学ぶ必要がある

アフィリエイトで成果を出すためにはノウハウを学ぶ必要があり、その点はデメリットといえます。

アフィリエイトで本格的に稼ぎたいのなら、ブログなどを立ち上げてSEO対策するといった高度な知識を求められます。

また、メルマガであれば発行費用、LINE@であれば月に5500円の利用料がかかります。そのため、自分がどれくらい稼ぎたいのかを最初に決めておかないと、無駄な時間やお金を使ってしまうことになります。

ただし、それはオプトインアフィリや人に買ってもらうアフィリの場合で、自己アフィリなら始めやすいですし、空いた時間でポイントを取りに行けます。

いずれにせよ、自己アフィリは時間がある人にはおすすめですし、お小遣い程度のお金は稼げるはずです。そこで稼ぐことができれば次のステップに進めば良いと私は考えています。

実際に私は買わないアフィリを教えていますが、サラリーマンの人でも月に30万円、40万円稼がれている人もいらっしゃいます。まずは、一歩踏み出してみましょう。

アフィリエイトに向いている人

概要で説明したとおり、アフィリエイトには「自己アフィリ」「買ってもらうアフィリ」と「買わないアフィリ」があります。

アフィリエイトをする際には、自分が向いているやり方を選ぶことが大切です。つまり、自分に向いているやり方を選べる人が、アフィリエイトに向いている人です。

繰り返しになりますが、「自己アフィリ」であれば、すぐにでも始められます。「買ってもらうアフィリ」は、あまり儲からない人と成功している人のギャップがあります。

成功している人は一つの事業として取り組んでいます。ただ、かなりの労力が発生しますし、いわば広告代理店のようなものなので、初心者には難しいでしょう。

また、インフルエンサー型のオプトインアフィリもツイッターやフェイスブック、インスタグラムなどのＳＮＳ、ユーチューブを駆使すれば、初心者の方でも月10万円くらいは稼げるようになると思います。

現在インスタグラムは厳しくなってきましたが、ツイッター、フェイスブックではフォロワーや友だちを増やすツールがあり、そのツールは月2000円程度で利用できます。

基本的には友だちを増やすだけのツールは認められていませんが、フォローとフォローバックして、何日か経ったあとにフォローを外すという手法を、このツールでは機械ではなく、手動でやっていると思わせるようにして使えるようです。

昔は足跡や「いいね」を機械で次々と押していく仕組みもあったのですが、サーバーに負担がかかりすぎてしまうからか、それが禁止となりました。

そのため、今では手動でやっていると見せかけてツールで「フォロー↓フォローバックを受ける↓数日後にフォローを外す」ということをしているのです。

なぜフォローを外す必要があるのかというと、フォロワー数に対してフォロー数が多すぎるとアカウントとしての見栄えが悪いからです。

たとえば、3000フォロワーがいてもフォローしている数が1万だったら、「1万人もフォローしていれば3000フォロワーくらいあるよな」と思われてしまいます。

有名人やインフルエンサーだと、フォロー数は数十から100程度ですが、フォロワーが何万、何十万人といいます。それと同じような印象を出すため、フォローバックされたらフォローから外しているわけです。

また、繰り返しになりますが、物販とアフィリエイトの相性は非常に良いです。物販をしている人は相場より安い商品を探しているので、楽天ＲＯＯＭや楽天のアフィリも活用できます。

楽天ＲＯＯＭでは自分が欲しい商品やおすすめの商品を投稿し、それを見て買ってくれた人がいたら１～10％のポイントが付きます。

５万円の商品を紹介して買ってもらえたら、１５００円分が付与されるイメージです。中には楽天ＲＯＯＭを活用して、それだけで月10～30万円も稼いでいる人がいます。

このサービスの良いところは、そのリンクを踏んで別の商品を買っても報酬が付くことです。

つまり、お互いにアフィリエイトリンクを踏み合って買っていれば、それがアフィリエイト収入にもつながるわけです。チームで取り組めば効率的に稼げるでしょう。

そして、物販をしていると安く仕入れる方法がわかるので、その方法を知りたいファンがつきやすくなります。

第９章で紹介している物販・アフィリのＲｉｋｉ（リキ）さんは、初心者でも取り組みやすい楽天の仕入れ方法をユーチューブに上げることでファンを獲得しています。

いずれにしてもアフィリエイトに対しては「怪しい」というイメージをお持ちの人も多いと思います。

ネットを見ていると、「寝ているだけで儲かります！」といった怪しい広告がたくさんあり、それに釣られてやってみたものの、「全然儲かっていない……」という人が山ほどいます。

しかし、アフィリエイトといっても簡単なものから商業レベルのものまで区分けされており、あなたがいくら稼ぎたいかによって戦略は異なります。

「月1万円で良い」というなら、自己アフィリをすれば余裕でクリアできるでしょう。自己アフィリについては、「自己アフィリだと本人は思っていないけれど、実は自己アフィリをしている人」は多くいるはずです。

もしあなたがインフルエンサーになりたいなら、ブログやサイトを立ち上げて「買わないアフィリ」を商業ベースで運用するのも良いでしょう。

ただ、オプトインアフィリは発信力がある人たちがやってこそ稼げる方法であり、何もない人がやってしまうとあまり稼ぐことはできません。

まずは自分が他人から見て、魅力的な情報を発信できる力を付けるのが近道だといえます。

ここで大事なのは、「勝てる勝負だけしなさい」ということ。

アフィリエイトで大金を稼ぎたいと思った場合、自分の発信力や時間やお金を考慮して、正しい戦略を考えましょう。

たくさんの種類があるので
自分に合ったアフェリエイトを
見つけましょう！

アフィリエイトの実績

アフィリエイトでは、最高で月400万円以上稼いだ実績があります。

私の場合、ありがたいことにメルマガやLINE@で1回発信しただけで、オプトでいうと100程度の登録があるので、1件2000円だとしても20万円は稼げます。

ただ、これも一朝一夕で実現したわけではなく、人の役に立つ情報発信を続けた成果だと思っています。

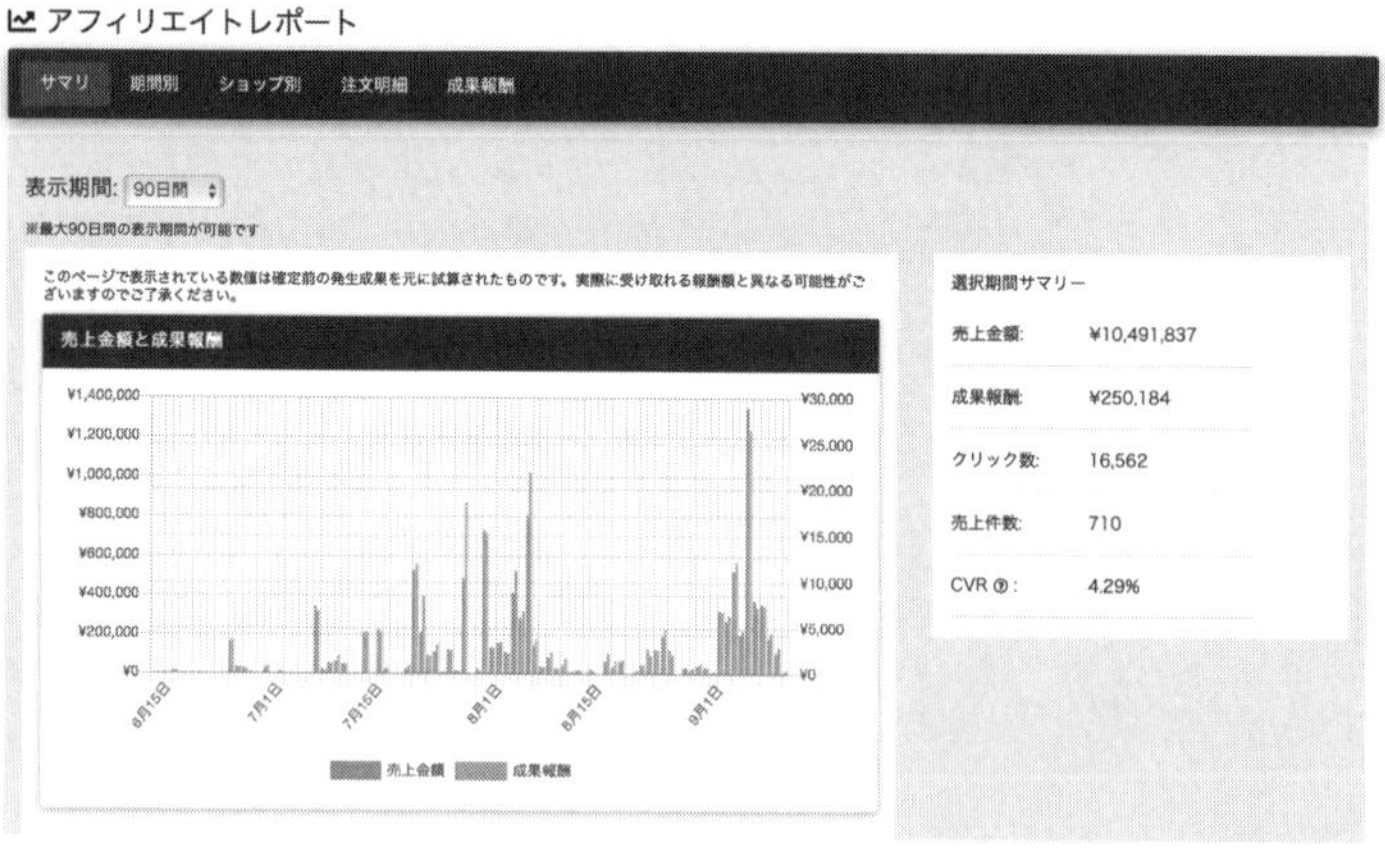

第9章

【インタビュー】

複業で成果を出した
5人の事例

事例①
仕事・子育て・副業を両立する20代ママ（たかこさん）

今岡　たかこさんは子育てをしながら副業をしているママさんです。簡単に自己紹介をお願いします。

たかこ　29歳、不動産会社の事務職をしています。東京都在住、子ども2人と3人暮らしです。

今岡　なぜ副業を？

たかこ　実家が遠方のため子育てのサポートが期待できないうえ、長女なのでいずれは介護をしなければならない。サラリーマンの仕事はそこまでの出世が見込めず、給与も高くならないからです。

今岡　始めたのはいつごろからですか？

たかこ　一人目の子を出産した２０１５年ごろから節約やポイントなどお小遣稼ぎを意識した生活をしていました。２０１９年１月に今岡さんと出会い本格的にスタートしました。

今岡　本格的な活動は僕がきっかけなのですね！　ありがとうございます。どのような副業を始めましたか？

たかこ　アフィリエイト報酬がもらえる案件をＳＮＳやブログに投稿して集客する手法です。物販は国内で仕入れを行い、アマゾンやフリマアプリで販売しています。その他、ＦＸの自動売買ツールを24時間稼働させておき、相場に合わせた手動決済もしています。

今岡　仕事を育児をされているなか、副業にかける時間はどう捻出していますか？

たかこ　子どもの寝かしつけ後、早起きした朝の時間、通勤時間、昼休みなど合わせて１日数時間程度。スキマ時間でも作業できるようにするため、データはなるべくスマートフォンで確認できる状態にしています。ネットスーパーでの買い物や、洗濯乾燥機を活用したり、家事時間を短縮できることは取り入れています。

今岡　成果はどれくらいでしょうか？

たかこ　それぞれの手法の合計で月の利益は10～20万円程度を約５カ月で達成しました。今は１００万円を目標にしています。

今岡　それは本当によかったですね！　最後にこれから始める方へのアドバイスをお願いします。

たかこ　金銭的に余裕ができたのもありがたいですが、それ以上に行動面や考え方が以前と変わったことが財産になっていると感じます。

以前は面倒なことを後回しにし、新しい取り組みに対して消極的でしたが、今はできることはすぐ取り組み、わからないことや未経験のことでも積極的に取り組んでみようという考え方ができるようになりました。

子育て中の主婦の方も、お仕事がある方でもスキマ時間は必ずあります。まずは少しずつでも何か行動してみることで変わっていくと思います。

とくに子育て中の方は、時間の捻出は大変です。私もはじめは休日に副業の作業をしたくても、遊んでほしい子どもの気持ちを考えると、どこまで時間を使うべきかというジレンマに苦労しました。

そんなとき、商品を購入してくださった地方在住のお客様に「地元では買えなかったので購入できてうれしい」といった内容の口コミをいただき感激しました。皆さんも少しでも興味を持ったら、ぜひチャレンジしてください！

事例②

不動産投資からスタートして物販・FXを開始（あつはなさん）

今岡　自己紹介をお願いします。

あつはな　メーカー勤務の会社員で埼玉県在住です。47歳で妻と２人暮らしです。

今岡　副業を始めた動機は？

あつはな　会社の仕事では挑戦の機会が少なく、もっと難しいことやワクワクすることに取り組んでみたいと興味を持ちました。そんな折、金森重樹さんの不動産投資の記事を読んで、自分もやってみたいと思いました。行動を開始したのは２０１６年12月からです。最初は本を読み漁っていました。

今岡　投資手法は？

あつはな　一棟アパート投資ですね。埼玉県で木造１Ｋ×10室・築27年・５６００万円・利回り10％、軽鉄２ＤＫ×４室・１Ｋ×２室・築29年・３０００万円・利回り11％の２棟。千葉県で軽鉄２ＤＫ×６室＋戸建て５ＤＫ・築28年・５６００万円・利回り９・８％。神奈川県で木造１Ｋ×８室・新築・６５００万円・利回り８％の計４棟を所有しています。

今岡　購入は順調でしたか？

あつはな　稼ぎをもたらしてくれる物件になかなか出会えませんでした。最初は業者をいくら回っても、未経験のサラリーマンとみられて、ぜんぜん儲からないものを紹介されることもしばしばでした。
1棟目を買ったのは、正直言うと業者の印象が良かったからでした。今思えばずいぶん危険な買い方をしたものです。幸い、購入した物件は利益の取れないものではありませんでしたので、この点が大変ラッキーだったと言えるかもしれません。
あの時はいくら勉強して情報を集めても、自分の判断基準を持てませんでした。その後は、買い増し方法や物件の運営を勉強するため、コンサルを受けることにしました。

今岡　不動産投資以外の副業のスタートはいつごろでしょうか？

あつはな　2年前から今岡さんの副業スクールに参加しています。なぜ不動産投資以外に興味を持ったのかといえば、不動産に対する融資が厳しくなって融資を引いていくことに難易度を感じていたため、副業を学んで収入を増やしたいと思ったからです。

今岡　どんな副業をしていますか？

あつはな　物販とＦＸです。物販はポイントせどりを中心に、無在庫販売や問屋開拓を模索中です。ＦＸは、ユーロ円投資のほか、自動売買ツールの販売および海外ＦＸのアフィリエイトもしています。
成果は不動産投資では満室時のキャッシュフローが月40万円、現在２部屋空室です。
物販では月の利益は15～40万円程度です。ＦＸは最高利益月60万円（元手30万円）でした。

今岡　初心者へのコメントをお願いします。

あつはな　ご自身の望むような成果を出されている方に教えを請い、実際に行動してみることをおすすめします。

　頭ではわかっていても、なかなか行動できないですが、行動なくして成果はないことだけははっきりしています。この本をご覧になった後、小さなことでも良いので実際に行動してください。

　そして自己投資をしていただきたいと思います。時間とお金を自分の成長のために使うのです。このようなことを繰り返していくと、少しずつ成果が出せるようになるはずです。

あつはなさん LINE @
https://lin.ee/jqCMnEk

事例③

物販を始めて1年でサラリーマン収入を超えた!!（ケンさん）

今岡　まず自己紹介からお願いいします。

ケン　海外旅行が趣味の32歳の営業系のサラリーマンです。家族構成は妻と子ども２人。本業は全国出張が多く、平日は家族と会える時間が少ないため、週末に子どもと遊ぶのが最近の楽しみです。

今岡　なぜ副業を始めようと思ったのですか？　理由を教えてください。

ケン　サラリーマンという時間を切り売りしながら、お金を稼ぐ人生から脱したいと思い、ずっと企業に依存しない収入源を作りたいと考えていました。

　そんななか、ご縁があり、今岡さんの〝複業〟セミナーに参加したことがきっかけで物販を開始しました。

今岡　ケンさんは初めてまだ1年くらいでしたっけ？

ケン　２０１９年12月中旬からなので1年以上たちました。

今岡　物販といってもケンさんはいろいろされていますよね。

ケン　はい。まず２０１９年12月から翌年１月までは試供品などをフリマアプリのメルカリで転売することから始めました。

　これは自己資金不要で家にいながらでき

るし、物販で稼ぐ仕組みの勉強としてわかりやすいので、初心者におすすめです。

今岡　メルカリの次に行ったのは？

ケン　２０２０年1～3月はゲーム機を中心に店舗で購入し、買取屋への持込みをしました。買取屋の利用は、キャッシュロックのリスクがなく、利益を即現金として受け取れるのがメリットです。赤字や不良在庫になることはなく、動いた分だけ現金利益が増えます。また、稼ぐための情報収集の練習になりました。

今岡　そこからステップアップされたのですよね？

ケン　はい。２０２０年3月以降は、店舗仕入れのアマゾン販売を行っています。これは、利益率が高く、大きく稼ぐことができる手法です。外出時や出張先でも取り組めますし、日常生活でも生活費を安く抑えるノウハウが蓄積可能で今後も一生役に立つ手法だと思います。

あと平行して電脳仕入れのアマゾン販売もしています。こちらも場所と時間を選ばずに取り組むことが可能で、自己資金が多ければ、売上や利益の拡大もしやすいですし、店舗よりも労働時間が少ないです。

今岡　副業にかけている時間はどれくらいですか？

ケン　初期のメルカリ転売で毎日1時間程度。ゲーム機の買取屋への持込みは、平日３時間を3日程度にくわえて休日7時間で週約25時間程度でした。

その後の店舗仕入れのアマゾン販売で活

発に動いていたときは、その倍くらいの時間をかけていました。電脳仕入れのアマゾン販売は週６日で毎日３時間、出品で１日10時間くらいかけています。週にすると約28時間です。

今岡　それで成果は？

ケン　複業を始めてから現在（２０２１年１月時点）まで、平均すると利益は月30万円以上です。最高利益月１１０万円、最高月商は１４２０万円を達成しています。本業の手取り以上の収益を獲得できています。

今岡　素晴らしい結果を出されていますね。

ケン　ありがとうございます。収入の柱を増やすうえで、クレカ枠のみで始められるので現金がなくても簡単に始められます。本業で動ける時間が限られている人でもネットなら場所と時間を選ばずに稼げますし、その人に合った取り組み方を選べます。

そして利益が出るまでの時間が短く、自分の行動量に比例して、収益が上がる点も魅力の一つです。物販を通して得られる知識は今後の私生活でも活用できますし、今後一生儲けることができると感じています。

くわえて私の場合は、ゲーム感覚から家族で始めることができました。また共同作業かつ同じ目標をもつことで家族の絆も深まりました。

今岡　それはよかったです。最後に物販はどんな人に向いていると思いますか？

ケン　20代後半〜40代のサラリーマン男性に向いていると思います。

具体的にいえば家族持ちで拘束時間が長

い、出張が多いといった本業が忙しい人。サラリーマンの時間を切り売りして、稼ぐことに嫌気をさした人。毎日同じ日々を過ごしていることに不安を感じ、生活に変化を求めたい人。将来のために収入の柱を手に入れたい人です。

　そんな想いを抱いている人で、何をすれば良いのかをわからない人は、まずは物販を取り組んでみることをおすすめします。

ケンさん Twitter
ケン＠副業×電脳・店舗物販完全攻略
@luana_073

事例④ サラリーマンをしながら年商2億円を達成（まさゆきさん）

今岡　まさゆきさんには、私が行っている物販スクールの講師をお願いしています。

まさゆき　いつもお世話になっています（笑）。本業は埼玉県で不動産管理業をしていますが、会社員・個人事業主・会社経営の三足のわらじを履いています。妻と子ども3人の5人暮らし、38歳です。

今岡　なぜ、副業を始めたのでしょうか？

まさゆき　将来に対する金銭面での不安からです。本業の親会社が斜陽産業ということもあり、10年ももたないと感じていました。また、2人目の子どもが生まれたあたりから養育費がかさみ、生活が苦しくなってきたのも理由です。

今岡　副業を始めたのはいつごろですか？

まさゆき　２０１６年あたりからヤフオクで小銭稼ぎを開始しました。本格的な始動は２０１７年からです。早いもので副業歴は約４年になります。

今岡　最初になぜヤフオクを？

まさゆき　手軽にできたからです。まずは、自宅にある不用品や無料でもらえるサンプルなど販売してみて、自分でお金を稼げることを知りました。そのうえで中国輸入を始めたところ、数カ月で月利30万円を達成し、さらにのめり込むようになりました。

今岡　順調だったのですね！　今はどのような手法をされていますか？

まさゆき　ヤフオク、Ｑｏｏ１０、ヤフーショッピングのオールジャンルで「ツールを使用した無在庫販売」。「メーカー問屋仕入れ（上流仕入れ）」で食品・おもちゃ。「店舗せどり・ネットせどり」で食品・消耗品。「輸出入」ではアパレル・時計・ゲームなど、それぞれに合ったものを取り扱っています。またツール作成や販売、物販コンサルティングや今岡さんの物販スクール講師もさせてもらっています。

　現在の年商は２億円程度で、月の利益２００～３００万円といったところです。この規模に達するまでに３年かかりました。

今岡　さまざまなことをされていますが、副業にかけている時間はどれくらいでしょうか？

まさゆき　１日８時間以上、３６５日休みはなしです（笑）。忙しいですが自分の意志でやっているので、つらいといったマイナスの感情は一切ありません。

　経済的に自由になるにつれて、自分の人生を本当に生きている気がしています。次は時間の自由と場所の自由をつかみたいですね。そのために会社員を辞める準備をしています。

今岡　すでにゴールには近づいていますね。これからの目標を教えてください。

まさゆき　今後は同じ規模感の会社を３社構築して、３人の子どもに渡したいです。

今岡　お子さんに事業承継を考えているのですね。最後に読者にメッセージをお願いします！

まさゆき　物販の良いところは、その再現性の高さにあります。「金なし・コネなし・経験なし」のなか、最速でお金に不自由しない生活のステージまで駆け上がれます。

　副業スタートする時に多くの人が目標にする月の利益30万円。これは正しい指導者から愚直に学び、継続するだけで達成可能です。副業は物販でスタートし、仕組化組織化をしながらアフィリエイト、不動産、FX、株式投資に進むことをおすすめします。

まさゆきさん LINE @
https://lin.ee/IYBrqmVo

事例⑤　物販×アフィリで会社員を卒業！（Ｒｉｋｉさん）

今岡　まず簡単なプロフィールから教えてください。

Ｒｉｋｉ　32歳で、すでに会社をリタイヤして専業でやっています。生まれも育ちも大阪で、妻と子ども1人の３人家族です。

今岡　そもそも副業を始めた動機はなんでしょうか？

Ｒｉｋｉ　給料が低いことにくわえ、家庭を持ったこともあり、このままでは一生満足のいく生活を送れないと思いました。また、将来は自分で事業をしようと決めていたからです。

今岡　どんなビジネスをしていますか？

Ｒｉｋｉ　物販で「楽天ポイントせどり」「アマゾン刈り取り」を行っており、楽天やアマゾンで仕入れてアマゾンＦＢＡ（配送代行サービス）で販売しています。そして、その実績を配信する形でアフィリエイト、情報発信ビジネスを行っています。

２０１４年5月からはじめて、1年半程度で専業になっています。その後、せどりと並行してアフィリエイト・情報発信ビジネスを開始。２０１９年には不動産投資も始めました。また、２０２０年には法人化もしました。

今岡　順調ですね！　どれくらいの売上、利益ができて専業になりましたか？

Ｒｉｋｉ　せどりで売上５００万円、利益１００万円になった時点で専業になりました。とくに家族の反対はありませんでした。

今岡　不動産投資を始めた理由は？

Ｒｉｋｉ　不労所得に憧れがあったからです。

エリアは大阪全域で戸建て３戸所有しています。平均利回り18％、年間家賃２０５万円です。

せどりと共通するのですが、仕入れでミスらなければ不動産投資もうまくいくと思いました。そこで安く買える物件に焦点をあてて誰も買いたくないような、築古の物件から始めました。

今岡　確かに通じるところがありますね。今、専業でお仕事されていて、どれくらいの時間を使っていますか？

Ｒｉｋｉ　1日6時間程度ですね。昼に起きてＳＮＳのチェック・更新をしています。その他、ブログ・ユーチューブ更新（週２程度）、商品仕入れ・ＦＢＡ納品がルーチンです。

それで月収１００～２００万円程度は稼げています。このまま頑張って月収１０００万円まで増やしたいですね！

今岡　できると思いますよ！　最後に初心者へのアドバイスをお願いします。

Ｒｉｋｉ　せどり（物販）は仕入れた商品を販売して差額を儲ける単純なビジネスで誰でも取り組めます。その成果を情報コンテンツにして販売（アフィリエイト）すると

いう、組み合わせで収益が拡大できるので
おすすめです。

Ｒｉｋｉさん youtube
https://youtube.com/channel/
UC4EgxmXQEqOYYuCnV65GUoQ

おわりに

お金と時間だけでは幸せにならない

本書を最後までお読みいただきまして、本当にありがとうございます！

第1章で「お金と時間が悩みを解決する」と書きました。また、多くの人がお金と時間を求めています。ここでは矛盾したことを言うようですが、ユダヤ人の教えに「幸せになるためには4つのことが必要」というものがあります。

ほとんどの悩みはお金と時間が解決してくれるのは事実です。しかし、それはあくまで「ほとんど」であり、「すべての悩み」ではありません。

では、お金と時間の他に何が必要なのかというと、まずは「健康」です。

たとえ500億円の資産を持っていても、病院で寝たきりの状態であれば幸せとはいえないでしょう。

それともう一つ大事なのは、「人脈」です。

セミリタイアした投資家がサラリーマンに戻るケースもよくありますが、これは人脈がないからです。投資のコミュニティはたくさんありますが、属している人たちの多くは、まだ働いているサラリーマン兼副業の人たちです。

「これから投資や副業でお金を得てセミリタイアしよう！」という人たちが集まっているため、その中で自分一人だけ辞めたとしても、周りは仕事などで忙しい人たちばかりです。遊び仲間がいないので自由な時間を持て余してしまい、再びサラリーマンに戻るのです。

セミリタイヤした人が起業しない理由も同じです。

普通に元気で働き盛りでお金もそれなりにあったら、したい仕事をするものです。それでもサラリーマンに戻るのは、やはり安定を求めているからではないでしょうか。仕事を辞めても生活ができると安心していたら、急な出費や想定していた収入が入らず、貯金も貯まらず、どんどん不安になってくる。それで安定収入のあるサラリーマンに戻るケースも多いようです。

これは長年にわたり一つの収入だけに依存してきたからでしょう。また、セミリタイアを甘く見ていたからだと思います。

私は不動産投資を軸に複業をしていますが、不動産投資はさまざまなビジネスとの相性が非常に良いです。経費を下げようと思えばＤＩＹや自主管理をする。もし収入を上げたければ売買することで利益を出せます。

また、不動産投資は外注の仕組みができ上がっているため、別の仕事や複業がとてもしやすいです。

自分の物件で飲食店を経営すれば家賃がかからないので、勝算はかなり上がります。ある程度の赤字が出ても、自分が許容できる範囲なら続けられますし、税金も調節できます。

中には不動産投資を行っている人が違うビジネスを立ち上げると聞くと、「それは不動産投資で儲かっていないからだ」と決めつける人がいます。

しかし、それは違います。

不動産投資だけだと人とかかわりがあまりなく、単にお金を稼ぐだけの仕事になってしまいます。ですが、それでは幸せになれません。

特に不動産投資で成功して、ある程度の規模になり、ベースの収入がある方であれば、いろいろなことにチャレンジしたくなるものです。サラリーマン時代にはできなかったことも好きに取り組めます。これは、アフィリエイトや物販も同様です。

私は一つの副業で月100万円を目標としていますが、たくさんの副業を組合わせて、複業化することで、より自由に、よりたくさんのお金を手に入れることができています。

ですから、本書を読んだ皆さんには、まずできるところからスタートしていただけたらと思います。最初は戸惑いがあるかもしれませんが、〝案ずるより産むがやすし〟ということわざもあります。

実際のところ、まさにそのとおりです。知識を得ることは大切ですが、アウトプットして行動に移すことが何よりの正解なのです。そこを踏まえて、読者の皆さんもぜひ一歩を踏み出してください！

何もしない10年後と、動き出した10年後ではあきらかに未来が変わることでしょう。本書が読者の皆さんの幸せな未来へのきっかけとなれば、著者として、こんなにうれしいことはありません。

2021年2月吉日

越谷大家こと、今岡純一

本書購入者限定!!

『豪華5大特典付き』

特別メルマガのご案内

本書をご愛読いただけた方限定で、本書では語りきれない、最新の稼ぎ方やノウハウ、生きた情報をリアルタイムでお届けしている特別メルマガを、以下の『豪華5大特典付き』にてご案内します。本書と合わせて、ぜひご活用いただければ幸いです。

豪　華　5　大　特　典　内　容

特典1　今岡の本書専用オリジナル動画（30万円相当）

本書では文字の都合上語りきれなかった本書専用オリジナル動画（副業で稼ぐために必要なこと）をプレゼント。日本人が陥りがちな考え方やそれを改善する方法、副業を選定する上で大切にしていることを収録した特別動画をプレゼント。

特典2　3時間で10万円稼ぐ方法(20万円相当)

私が大学生から実践している、自己アフィリについて、3時間で10万円程度稼げる方法を納めたPDFを無料プレゼントします。効率良く稼ぐことができますので、ぜひ実践してみてください。

特典3　住宅関係の給付金の受け取り方(100万円相当)

住宅を持たれている方なら平均100万円受け取ることができる、住宅関係の給付金の受取り方をご案内します。給付金関係は多く、知らないと受け取れないものも多いので、住宅を持たれている方はしっかり受け取りましょう。

特典4　資金が少ない人でも月に3万円稼ぐことができる物販術(10万円相当)

資金が少ない方でも月に3万円程度稼げる物販の方法をプレゼントします。この手法は既に1,500人以上に教えて実際に稼がせた手法ですので、実践しやすい物販術となります。

特典5　自社作成の自動売買ツールGodを無料プレゼント(40万円相当)

自分のために自社作成した自動売買ツールGodを今回無料プレゼントいたします。この自動売買ツールに似たツールが40万円で売られていました。自社作成ツールのため、停止したほうが良いタイミングなども別途無料にて配信しております。

https://canyon-ex.jp/fx20003/koshi

●著者紹介

今岡純一

（いまおか　じゅんいち）

株式会社越谷大家代表取締役社長
他3社含め、4社の代表取締役社長を務める。

大阪市鶴見区出身。1986年5月5日生まれ。

分散投資法を取り入れ、現在は不動産投資・物販・株式投資・FX・アフィリエイト・火災保険代理店などを含む30個以上の収入の柱を持ち、2016年から5年連続年収1億円を超えている。

2014年から不動産投資を始め、現在では一部売却もしたが、アパート・マンション8棟、戸建て5戸、区分マンション1戸、合計71部屋と太陽光発電7基を所有。家賃収入・売電収入6,000万円以上、キャッシュフロー3,000万円以上。

不動産投資を始めて3年半でサラリーマンをリタイア。

2016年1月『物件の効率的な購入の仕方と利回りアップ術』(セルバ出版)を出版。現在まで累計5,000人以上に複業を教えており、さまざまなところでセミナー講師・複業の相談を請け負っている。

公式サイト　https://koshigayaoya.com/
メルマガ　https://canyon-ex.jp/fx20003/koshi
LINE@　https://lin.ee/z1iuUpq

編集協力　布施ゆき

本当に稼げる副業の教科書

2021年4月14日　初版発行

著　者　今岡純一
発行人　今井　修
印　刷　モリモト印刷株式会社
発行所　プラチナ出版株式会社
〒104-0031　東京都中央区京橋3丁目9-8
京橋白伝ビル3F
TEL　03-3561-0200　FAX　03-3562-8821
http://www.platinum-pub.co.jp

ISBN978-4-909357-66-3